KB059707

태산보다 무거운 죽음
새털보다 가벼운 죽음

태산보다 무거운 죽음
새털보다 가벼운 죽음

김영수 지음

어른의시간

인고유일사 人固有一死
혹중우태산 或重于泰山
혹경우홍모 或輕于鴻毛
용지소추이야 用之所趨異也

사람은 누구나 한 번은 죽지만
어떤 죽음은 태산보다 무겁고
어떤 죽음은 새털보다 가볍다.
죽음을 사용하는 방향이 다르기 때문이다.

– 사마천, 『보임안서 報任安書』

삶이 죽음을 결정한다

인간은 누구나 태어나는 순간 똑같이 벌거벗은 채 울음을 터뜨리며 세상 밖으로 나온다. 하지만 개개인의 죽음은 모습이 다 다르다. 삶의 과정이 다르고 그 축적된 내용과 질이 다르기 때문이다. 분명한 것은 삶에 대한 평가는 시대와 가치 기준에 따라 편차가 있지만, 죽음 앞에서는 이런 것들이 무색해진다는 점이다. 죽음이 엄숙해서가 아니라 죽음만큼 그 사람을 제대로 보여 주는 것은 없기 때문이다. 죽음은 한순간이지만 인물의 삶의 압축판이자 총화이자 그림자이다.

중국의 애국 시인 장극가臧克家(1905~2004)는 "어떤 사람은 살아 있어도 이미 죽은 것이나 마찬가지이고, 어떤 사람은 죽었어도 살아 있는 것 같다"고 했다. 그 사람이 어떻게 살았느냐, 또는 어떻게 살고 있느냐에 따라 살아 있을 때는 물론이고 사후에 그에 대한 평가가 적

사마천의 초상화 수염이 없는 사마천의 얼굴에서 궁형의 흔적을 찾을 수 있다.

나라하게 이루어진다는 지적이다. 또 사후의 평가는 자신뿐만 아니라 가족과 친구 나아가 역사에 그 흔적을 남긴다. 따라서 속된 말로 잘 죽어야 하고, 그러기 위해서는 제대로 잘 살아야 한다.

중국의 위대한 역사학자 사마천司馬遷은 "사람은 누구나 한 번은 죽지만 어떤 죽음은 태산보다 무겁고 어떤 죽음은 새털보다 가볍다. 죽음을 사용하는 방향이 다르기 때문이다"라는 천고의 명언을 남겼다. 사마천은 삶과 죽음이 하나라는 '생사여일生死如一'의 경지를 치열한 삶을 통해 스스로 터득했다.

역사에 흔적을 남긴 수많은 명인들은 예외 없이 그들의 삶으로써 그 죽음의 질과 경지를 결정했다. 그러므로 한 인간의 죽는 순간을 보는 것이야말로 그 사람의 진정한 모습을 제대로 평가할 수 있는 절호의 기회라 할 수 있을 것이다.

사마천은 태산보다 무거운 죽음을 맞기 위해 죽음보다 치욕스러운 형벌을 선택했다. 자신의 성기를 잘라내는 궁형宮刑을 받은 것이다. 그것도 억울한 누명을 쓰고 말이다. 그는 평생을 준비해 온 역사서 저

술을 미처 끝내지 못한 상황에서 반역죄로 몰려 사형 선고를 받았다. 돈을 내면 사형은 면할 수 있었지만 가난하고 도와주는 사람도 없는 절박한 상황에서 그가 택할 수 있는 유일한 방법은 궁형이라는 처절한 선택뿐이었다. 그 극단적인 선택으로 우리에게 남겨진 것이 바로 『사기史記』라는 절대 역사서이다. 사마천은 『사기』에 많은 죽음을 남겨 놓았다. 죽음에 관해 누구보다 처절하게 고민했던 그로서는 당연한 일이었다. 그로 인해 『사기』에는 영광스러운 죽음, 치욕스러운 죽음, 장렬한 죽음, 치졸한 죽음, 비겁한 죽음, 그리고 수많은 자결들이 남겨졌다.

역사에 남겨진 이런 죽음들을 접하면서 과연 나는 잘 살고 있는가, 나는 어떤 죽음을 선택할 것인가를 생각해 보기를 바란다. 죽음을 선택할 수는 없지만 삶은 자신의 의지로 선택할 수 있다. 그러한 선택은 결과적으로 죽음을 선택하는 것이고, 나아가 죽음의 질을 결정한다. 삶의 질에 대한 선택과 실행만이 우리 앞에 놓여 있을 뿐이다.

2015년 3월

김영수

차례

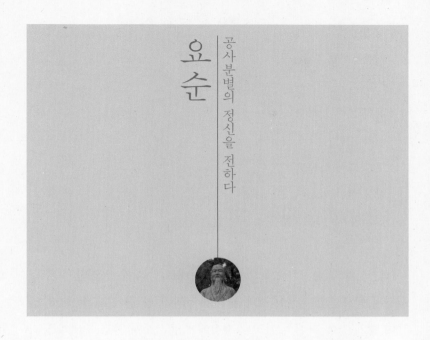

요순

역사상 가장 이상적인 제왕을 꼽으라면 요 임금과 순 임금을 꼽는 경우가 많다. 그리고 '요순 시대' 하면 백성들이 자신들을 다스리는 통치자가 누군지도 모른 채 행복하게 일하면서 살았던 이상향을 가리킨다. 백성들이 태평스럽게 자신의 배와 땅바닥을 두드리며 불렀다는 '격양가^{擊壤歌}'를 살펴보자.

일출이작^{日出而作}

일입이식^{日入而息}

착정이음^{鑿井而飮}

경전이식耕田而食

제력우아하유재!帝力于我何有哉

해가 뜨면 일하고

해가 지면 쉬고

우물 파서 마시고

밭을 갈아 먹으니

임금의 덕이 내게 무슨 소용이 있으랴!

　요순 시대가 정치적으로 이상적인 시대로 남을 수 있었던 것은 두 제왕의 공사분별 정신이 크게 작용한 결과라 할 수 있다. 특히 요 임금이 죽기 전에 자신의 자리를 자식에게 물려주지 않고 순에게 물려준 '선양禪讓'의 고사는 오늘날 그 의미를 진지하게 되새기게 한다.

　요 임금은 공개석상에서 신하들에게 자신의 후계자를 추천하게 했다. 이런저런 인재들의 이름이 나왔지만 다들 흠이 있었다. 요 임금은 은둔하고 있는 사람이라도 좋으니 서슴지 말고 추천하라고 했다. 이에 신하들이 이구동성으로 추천한 인물은 놀랍게도 민간인 홀아비 순이었다.

　순은 도의를 모르는 눈먼 아비에, 나쁜 말만 골라 하는 어미, 오만방자한 동생을 둔 인물이었다. 하지만 순은 효성과 우애로 가정을 화목하게 이끌며, 이들이 간사한 길로 빠지지 않도록 하고 있다는 것이다. 요 임금은 두 딸을 순에게 시집보내 그의 덕을 살피는 한편, 백성

요 임금의 석상   순 임금의 석상

을 교화하고 백관^{百官}을 이끌게 하는 등 20년 넘게 후계자 교육을 시켰다. 그동안 순은 나라를 다스리는 다양한 통치술과 리더십을 갈고닦았다.

요 임금이 천하를 순에게 물려준 까닭은 아들 단주^{丹朱}가 능력이 안된다고 판단했기 때문이다. 요 임금은 천하를 순에게 맡기면 아들 단주만 손해를 보겠지만, 단주에게 맡기면 천하가 손해를 볼 것이라고 판단하고는 끝내 순에게 임금 자리를 넘겨주었다.

이렇게 해서 가장 이상적인 권력 교체의 형식인 선양이 탄생했고,

요 임금의 사당

순 임금 역시 훗날 치수治水 사업을 성공시켜 백성들을 크게 이롭게
한 우禹에게 임금 자리를 선양함으로써 요 임금의 정신을 계승했다.

요 임금이나 순 임금은 엄정한 공사분별의 정신과 자세로, 나와 가
까운 사람이 아닌 능력이 뛰어난 사람에게 권력을 넘겨주는 선양을
실천했다. 역사상 훌륭한 평가를 받는 지도자들의 공통점 가운데 하
나가 바로 이러한 자세이다. 그리고 훌륭한 지도자들은 이 자세를 지
키고 실천하기 위해 사리事理를 분별하고, 눈과 귀를 열고 백성들의 구
석구석을 살피면서 소통했다.

요 임금이 자신의 후계자로 누가 좋겠냐고 물었을 때 방제放齊라는
신하는 큰아들 단주가 사리에 밝고 명석하다는 이유를 들었다. 그러
자 요 임금은 "그 애는 덕이 없고 다투기를 좋아하여 쓸 수가 없소"
라며 자신의 생각을 분명히 밝혔다. 그러면서 다음과 같이 말하였는

16

순 임금의 성세도

데 이 말은 공사분별과 관련한 천고의 명언이란 평가를 받고 있다.

"천하가 손해를 보면서 한 사람을 이롭게 할 수는 없다, 결코[●]!"

지도자가 인정이 많다고 해서 나무랄 일은 아니다. 하지만 그것이 사사로운 정일 경우는 공적인 일을 크게 그르치기 십상이다. 인정도 공사분별이 전제되어야 한다. 지금 우리 사회가 그 뿌리부터 흔들리고 있는 가장 큰 원인도 바로 공사분별의 자세와 정신이 무너졌기 때문이다. 리더의 판단이 공사분별의 기준이 될 수 없다. 리더의 판단과 언행이 진정 백성들의 마음을 헤아린 끝에 나온 것인지가 중요하다. 즉 공사분별은 민심을 헤아리느냐 그렇지 못하냐에 의해 좌우될 뿐이다.

● 종불이천하지병이이일인終不以天下之病而利一人

요 임금은 살아생전에 공정함에 입각하여 자신의 혈육이 아닌 덕과 능력이 뛰어난 순에게 자리를 넘겼다. 능력도 덕도 자질도 검증하지 않은 채 오로지 나와 가깝다는 이유만으로 그들을 중요한 자리에 앉히고 물려주는 사리사욕이 우리 사회를 망치고 있다. 죽는 순간까지 기다릴 것 없이 후계자를 물색하여 자질을 검증하고 능력을 시험한 뒤 자리를 물려준 요 임금이야말로 지금 우리 사회가 요구하는 통치자이자 전문 경영인의 모습이 아닐까?

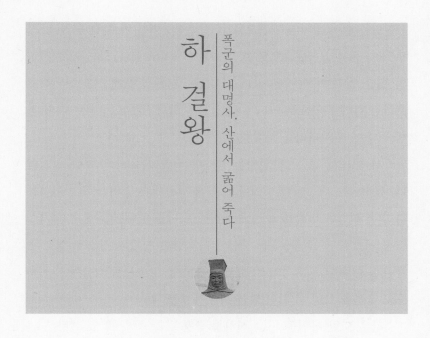

하 걸왕

폭군의 대명사, 산에서 굶어 죽다

폭군의 대명사가 된 걸주라는 말은 하나라의 마지막 군주인 걸과 은 나라의 마지막 임금인 주를 합친 단어이다. 흔히 하걸夏桀, 은주殷紂라 고 부른다. 이들 말고도 나라를 망친 군주는 수없이 많았지만 이들이 가장 일찍 등장하다 보니 자연스럽게 대표가 되었다. 이 두 사람은 자신을 망치고 나라를 망친 포악하고 어리석은 통치자의 대명사가 되어 수천 년 동안 우리에게 교훈을 주고 있다.

걸왕은 하나라 제16대 발發의 아들로 나고 죽은 해는 알 수 없다. 발이 병으로 죽자 뒤를 이어 53년 동안 재위했으며, 나라가 망하자 쫓겨나 산에서 굶어 죽었다.

걸왕은 힘이 장사라 맨손으로 굽은 쇠몽둥이를 바로 펼 수 있을 정도였다. 심지어는 맨손으로 호랑이와 싸우기도 했다. 그는 이런 자신의 힘만 믿고 아무 이유 없이 백성들을 괴롭히고 해쳤다. 잔인하고 포악한 나라 운영으로 인해 농업 생산은 악화되었고, 수시로 대외 정벌에 나서 작은 나라를 착취했다.

즉위 33년째 되던 해 걸왕은 군대를 일으켜 유시씨有施氏를 정벌했다. 유시씨는 위기에서 벗어나기 위해 걸왕에게 말희妹喜라는 미녀를 바쳤다. 걸왕은 말희를 몹시 총애하여 그녀를 위해 호화롭고 사치스러운 처소를 지어 주고 두 사람만의 음탕한 향락의 장소로 삼았다. 물론 모든 부담은 백성이 져야 했다. 백성은 고통으로 신음했으나 속으로 울분을 삭일 뿐 감히 말을 꺼내지 못했다.

걸왕은 또한 아첨을 떠는 신하를 중용하고 충성스럽고 선량한 신하들은 배척했다. 조양趙梁이란 소인배는 걸왕의 비위를 맞추며 그를 향락으로 이끄는 일에 주도적인 인물이었다. 백성들을 착취하고 죽이는 방법에 대해서도 전문적으로 조언하여 걸왕의 신임을 얻었다.

즉위 37년째 되던 해 동방 상商 부락의 수령 탕湯은 덕과 재능을 겸비한 이윤伊尹을 걸왕에게 소개했다. 이윤은 요순의 어진 정치를 권유하면서 걸왕에게 백성의 고통을 이해하고 마음을 바로잡아 천하를 다스리라고 조언했다. 하지만 걸왕이 듣지 않자 이윤은 하걸을 떠나 다시 탕에게 돌아왔다.

만년에 접어든 걸왕은 더욱 음탕하고 멋대로 놀아났다. 큰 연못을 파게 해서는 장야궁長夜宮이란 이름을 붙이고 남녀를 떼로 모아 놓고 연못 안에서 질탕하게 놀았다. 한 달 이상 조회에 나가지 않은 적도 있었다. 보다 못한 태사령 종고[終古]가 통곡을 하며 충고했지만 걸왕은 오히려 이를 귀찮게 여기며 종고를 나무랐다. 종고는 걸왕을 구할 처방은 더 이상 없다고 판단하여 역시 탕에게로 가서 몸을 맡겼다. 그러자 대신 관용봉[關龍逄]이 나서 충심 어린 충고를 했다.

관용봉의 초상화　걸왕에게 직언하여 살해당한 관용봉은 역사상 최초의 충직한 신하로 기록되어 있다.

"천자는 겸손과 공손으로 신의를 추구하고 근검절약하고 어진 인재를 아껴야만 천하가 안정되고 왕조가 단단해지는 법입니다. 지금 폐하처럼 도를 넘는 지나친 사치를 일삼고 살인을 즐기면 백성들은 모두 폐하가 빨리 망하길 바랄 것입니다. 폐하는 벌써 인심을 잃은 상태이니 하루라도 빨리 잘못을 바로잡아야 인심을 돌릴 수 있습니다."

관용봉의 직언에 걸왕은 노발대발하여 그에게 욕을 퍼붓더니 끝내는 그를 처형했다. 이로 인해 관용봉은 통치자에게 직언해 죽임을 당한 첫 사례로 남아 있다. 이런 걸왕의 행태를 보고 백성들은 완전히 등을 돌렸다. 그러고는 '저 태양(걸왕)은 언제나 없어지려나? 내가 저놈과 함께 죽으리라'는 노래를 불렀다.

이때 상 부락은 덕을 갖춘 탕의 지도력에 갈수록 힘이 커지고 있었다. 걸왕은 탕을 경계하면서 구실을 붙여 탕을 하대^{夏臺}(지금의 하남성 우현 경내)에 감금시켰다. 탕은 꾀를 내어 걸에게 진귀한 물건과 여자를 바치고 석방되었다.

그 뒤 탕은 명상 이윤의 주도면밀한 준비와 계획에 따라 하나라를 쳤다. 탕은 먼저 하나라와 한패인 위국^{韋國}과 고국^{顧國}을 멸망시키고 곤오국을 물리친 다음, 하나라의 중요한 도시 명조^{鳴條}(지금의 산서성 안읍현 서쪽)를 압박해 들어갔다. 소식을 들은 걸왕이 군대를 이끌고 명조로 달려가 두 군대가 마침내 맞닥뜨렸다. 걸왕은 근처의 작은 산에 올라가 전투를 살폈다. 그런데 갑자기 하늘에서 큰 비가 쏟아져 황급히 산에서 내려왔다. 하나라의 장병들은 애당초 걸왕을 위해 목숨을 바칠 생각이 없었다. 그런 상황에서 날씨마저 궂으니 이때다 하고 뿔뿔이 흩어졌다. 한번 흩어진 군대의 사기를 되돌리기란 불가능했다.

걸왕은 서둘러 성안으로 도망쳤다. 상의 군대가 즉시 뒤를 쫓았고 걸왕은 성에서도 오래 버티지 못하고 말희와 값나가는 보물들을 챙겨 작은 배를 타고 강을 건너 남소^{南巢}(지금의 안휘성 소현)까지 도망쳤으나 얼마 뒤 붙잡혔다. 그러나 걸왕은 그 순간에도 뉘우치기는커녕 오히려 탕을 죽이지 못한 것이 후회스럽다며 이를 갈았다.

편안한 생활에 젖어 있다가 시중드는 사람 없이 산속에서 먹고살아가는 것은 걸왕과 말희에게 죽기보다 힘든 일이었다. 결국 두 사람은 와우산에서 굶어 죽었다.

그러나 정산(지금의 안휘성 화현 서북 역양산)에서 굶어 죽었다는 이야기도 있으며, 어떤 역사책에는 걸왕이 상의 포로가 된 것이 아니라 남소로 도망쳐 그곳에 숨어 살다가 병으로 죽었다고도 한다. 아무튼 하나라는 이렇게 멸망했다.

걸왕의 죄악이 대체 얼마나 심했는가에 대해서는 은 주왕과 마찬가지로 후대에 논쟁이 많았다. 그의 죄악을 긍정하는 사람도 있었고 의심하는 사람도 있었다.

송나라 때 나필羅泌은 걸주의 과실을 다룬 글에서 걸왕이 저

걸왕의 석상　나쁜 통치자의 대명사로 역사의 첫 장에 올라 있는 하 걸왕의 모습이다.

지른 많은 죄악은 사실 걸왕의 소행이 아니라 후세 사람이 후세 제왕들의 죄를 걸왕에게 뒤집어씌워 폭군의 전형으로 만든 결과일 뿐이라고 했다.

자신을 망치고 집안을 망치고 나아가 나라를 망친 자들의 공통점은 끝까지 자신의 잘못을 인정하지 않는다는 것이다. 정말 스스로 무슨 잘못을 했는지 인식하지 못하는 것은 아닌가 하는 생각이 들 정도

로 그들은 자신의 잘못에 대해 무감각하다. 걸왕도 마찬가지였다. 역사적 평가를 떠나 걸왕의 최후는 나쁜 지도자들의 공통된 최후라는 점에서 충분히 반면교사로 삼을 필요가 있다.

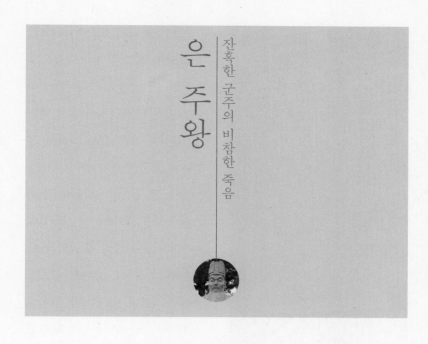

은 주왕

잔혹한 군주의 비참한 죽음

폭군 걸왕과 마치 쌍둥이처럼 따라다니는 또 다른 인물은 은나라의 마지막 통치자 주^紂이다. 걸왕이 죽는 순간까지 자신의 잘못을 인식하지도 인정하지도 않은 것처럼 주왕도 판박이였다. 아니, 주왕은 걸왕보다 그 포악함이 더 심했다고 할 수 있다.

주왕은 수^受라고도 하며 제신^{帝辛}이라는 이름으로도 불린다. 태어나고 죽은 해는 알 수 없으나 30대 제을^{帝乙}의 아들로 제을의 뒤를 이어 30년 동안 재위했다.(문헌 기록에는 33년) 자신이 다스리는 동안 나라가 망해 조가^{朝歌} 녹대^{鹿臺}에서 분신자살했다. 묻힌 곳은 확실치 않으나 하남성 기현^{淇縣}에 그와 왕비 달기^{妲己}의 무덤으로 전하는 곳이 있다.

은 주왕의 석상

주왕은 몸집이 크고 외모가 준수했으며 힘도 장사라 맨손으로 맹수와 싸울 정도였다. 총명하고 기지가 넘쳤고 문장에도 재능이 있었다. 여러 차례 동이를 정벌하여 많은 포로를 잡아 노예로 삼았다. 또 동남 지역을 다스려 중원 문화를 회하와 장강 유역에 전파함으로써 중국 통일의 규모에 나름의 역할을 했다는 평가도 받는다.

그러나 주왕은 황음무도하고 달기를 총애하여 늘 그녀와 함께 궁중에서 마시고 놀았다. 백성을 동원하여 궁중에 연못을 파고는 바닥과 벽을 모두 아란석鵝卵石으로 깔고 안에다 술을 가득 부었다. 연못 주위 나무들은 비단으로 싸고 거기에 고기를 매달게 했다. 이것이 이른바 '주지육림酒池肉林'이다. 주왕과 달기는 시종들을 거느리고 주지에 배를 띄워 감상하며 놀았다. 목이 마르면 주지의 술을 떠 마셨고, 배가 고프면 육림의 고기를 따 먹으면서 놀았다. 이 엄청난 지출을 충당하기 위해 주왕은 백성들을 잔혹하게 쥐어짰다. 달기의 환심을 사기 위해 지나는 사람의 목을 베고 발을 자르고 심지어는 임신부의

배를 갈라 태아를 꺼내는 등 입에 담을 수 없을 정도의 잔혹한 짓을
일삼았다.

배다른 형 미자^{微子}가 여러 차례 충고했지만 주왕은 받아들이지 않
고 제멋대로 굴었다. 미자는 하는 수 없이 도성을 떠나 몸을 숨겼다.
숙부 비간^{比干}도 주왕에게 충고했는데 주왕은 "듣자하니 성인의 심장
에는 일곱 개의 구멍이 있다던데 어디 한번 봐야겠다"면서 비간을
죽여 심장을 꺼내 보았다. 또 달기의 말을 듣고는 동으로 속이 빈 기
둥을 주조하여 그 안에 불이 붙은 석탄을 넣은 이른바 '포락^{炮烙}'이라
는 형구를 만들었다. 그러고는 불만을 품고 있는 신하들의 옷을 벗겨
동 기둥에 올려 산 채로 구워 죽였다.

주왕의 포악으로 민심은 등을 돌렸고 백성들의 원성은 하늘을 찔
렀다. 그러던 중 주나라 무왕^{武王}이 주왕의 주력군이 동남에 머물러 있
는 틈을 타서 대군을 이끌고 은나라를 공격했다. 녹대에서 달기와 함
께 술을 마시고 있던 주왕은 이 소식을 듣고 서둘러 70만 노예로 편
성된 군대를 이끌고 전선으로 달려갔다. 두 군대는 목야^{牧野}(지금의 하
남성 기현 남쪽)에서 맞닥뜨0렸다. 주나라 무왕의 군대는 용감하게
공격했고, 주왕의 군대는 단 일격도 막아 내지 못한 채 창칼을 주왕
에게로 돌렸다. 70만 대군이 순식간에 와르르 무너지고 말았다. 주왕
은 황급히 수도인 조가로 도망쳤으나 대세가 이미 기울었음을 알고
자살을 결심했다.

주나라 무왕은 길거리로 쏟아져 나온 백성들의 환영을 받으며 조
가로 입성하여 폐허가 된 녹대에서 주왕의 시체를 찾아냈다. 그러고

는 세 발의 화살을 날린 다음 칼로 다시 몇 차례 찌르고 마지막에는 동도끼로 주왕의 머리를 잘라 크고 흰 깃발이 달린 깃대에 꽂아 전시함으로써 백성들의 분을 풀어 주었다. 물론 달기도 죽였다. 이렇게 해서 은나라는 멸망했다.

은 주왕의 죄악이 얼마나 심했는지에 대해서는 하 걸왕처럼 후대에 논쟁이 치열했다. 주왕의 죄악을 긍정하는 사람도 있고 의문을 품는 사람도 적지 않았다. 송나라 때 나필은 '걸주의 일은 사실과 다른 점이 많다'는 글에서 주왕의 죄악이 걸왕과 판에 박은 듯 같다고 지적하면서 이 모두가 모방에 지나지 않는다고 비판했다. 역시 송나라 때의 이자명李慈銘은 『도화성해암일기桃花聖解庵日記』에서 각종 역사 기록으로 볼 때 주왕의 죄가 후대 다른 폭군들에 비해 더 심하다고는 할 수 없다고 했다.

공자의 제자 자공子貢은 『논어』「자장」편에서 주왕의 죄상은 역사서에서 말하는 것처럼 그렇게 지독하지 않다면서 후세 사람들이 모든 악행을 옛사람에게 미룸으로써 주왕이 걸왕처럼 죄악의 상징이자 폭군의 전형이 되었다고 했다.

이러한 평가들은 주왕에 대해 모든 비난이 쏟아지는 것을 경계하자는 것이지 주왕이 폭군이 아니라는 뜻은 결코 아니다. 주왕이 얼마나 총명했는가는 사마천이 "지혜는 남의 말을 듣지 않을 정도로 충분했고, 말솜씨는 잘못을 감추고도 남았다"고 평가한 것만 봐도 충분히 알 수 있다.

그런데 문제는 그러한 지혜가 바른 쪽으로 발휘되지 못하면 그 피

주왕의 무덤　하남성 기현에 있으며 비교적 잘 정비되어 있다. 이곳에서 멀지 않은 곳에 달기의 무덤이 있다.

해가 그만큼 크다는 사실이다. 수나라를 불과 10여 년 만에 말아먹은 양제(煬帝)는 당대가 알아주는 재주꾼이고 또 총명했다. 주왕 역시 그랬다. 그는 민심이 폭발 지경에 이르렀다는 충고를 듣고도 자신이 태어난 것 자체가 천명이 아니더냐며 기고만장했다.

나쁜 통치자의 공통된 최후는 망하는 순간까지, 죽는 순간까지 자기 자랑, 자화자찬을 늘어놓았다는 점이다. 그리고 그런 통치자가 영악할수록 백성들이 입는 피해는 훨씬 더 컸다. 역사는 이 점을 준엄하게 경고하고 있다.

그런데 당시 자살을 결심한 주왕은 죽은 뒤 백성들이 자신의 시체에 분풀이할 것을 두려워해 궁중의 모든 보물을 높이 20미터의 녹대로 옮기게 하고는 금은보화로 치장한 의관을 제대로 차려입은 다음

녹대 아래에 장작을 쌓게 했다. 그러고는 실컷 포식飽食을 한 다음 장작에 불을 붙이게 했다. 불은 금세 하늘 높이 치솟았고 주왕은 불에 타서 죽었다. 죽은 순간까지 재물과 체면에 집착했던 폭군 통치자의 최후였다.

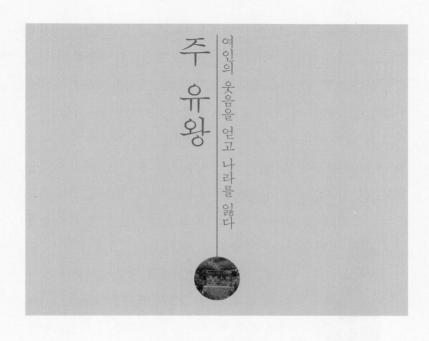

주 유 왕

여인의 웃음을 얻고 나라를 잃다

중국 역사에는 서시西施, 왕소군王昭君, 초선貂蟬, 양귀비楊貴妃로 대표되는 4대 미녀로 인해 빛을 보지 못한 다른 미녀들이 적지 않다. 그녀들 대부분이 나라를 망친 요부妖婦라는 악평을 받고 있는데, 하걸 때의 말희, 은주가 총애한 달기가 대표적이다. 그리고 또 한 사람이 포사褒姒인데 그녀는 잘 웃지 않아서 문제를 일으켰다는 엉뚱한 죄까지 뒤집어썼다. 그 속을 들여다보면 포사에게 억울한 누명을 씌운 원흉으로 주 유왕이 있었다.

주나라 유왕은 쇠퇴해 가던 주나라를 중흥시킨 선왕宣王의 아들로 선왕이 죽자 뒤를 이어 기원전 782년 왕위에 올랐다.

유왕이 즉위한 지 2년 뒤인 기원전 780년 삼천 지역에서 지진이 일어났다. 대신 백양보는 이는 인간이 자초한 상스럽지 못한 일로 자칫 나라가 망할 징조라고 경고했다. 백양보는 유왕의 잘못된 정치를 지진에 비유해 충고한 것이다. 하지만 유왕은 아랑곳하지 않았다. 그리고 포^褒라는 작은 나라에서 바친 포사라는 젊은 후궁에 빠져 국정을 게을리하였으며 포사와의 사이에서 얻은 백복이란 어린 아들을 태자 대신 후계자로 삼고 싶어 했다. 그러자 태사 백양은 역사 기록을 읽고 "화근이 갈 데까지 갔으니 어쩔 수가 없구나"라며 주나라의 멸망을 예견했다.

포사의 석상 어리석은 유왕 때문에 나라를 망친 원흉으로 몰린 포사의 모습이다.

유왕은 포사의 웃는 모습을 매우 좋아했다. 포사가 평소 잘 웃지 않았기 때문에 유왕은 그녀의 웃음에 더욱 집착했다. 야사에 따르면 유왕은 포사를 웃게 하는 사람에게 상으로 천금을 내리겠다는 공모를 내걸기까지 했다고 한다. 여기서 '천금으로 웃음을 산다'는 뜻의 천금매소^{千金買笑}라는 사자성어가 탄생했다. 이 사자성어에서 '일소천금^{一笑千金}', 즉 한 번 웃음에 천금을 대가로 치렀다는 말이 나오기도 했다.

갖은 방법이 동원되었으나 포사는 좀처럼 웃지 않았다. 그러자 어떤 자가 봉화 놀이를 제안했다. 유왕은 봉수와 큰북을 마련하여 적이 쳐들어와 봉화를 올리는 것처럼 한바탕 쇼를 벌였다. 제후들이 놀라서 군대를 이끌고 서둘러 달려왔으나 적은 보이지 않았다. 모두 허탈해하자 이 모습을 보고 포사는 크게 웃었고 그 모습을 보며 유왕 또한 굉장히 기뻐했다. 일부 기록에는 포사가 웃자 유왕이 '눈썹이 다 살아나는구나'라며 어쩔 줄 몰라 했다고 한다. 이후 유왕은 틈만 나면 봉화를 올려 포사를 웃게 했다.

한편 유왕은 간사하고 아부를 잘하며 이익만 밝히는 괵석보를 요직에 앉혀 백성들을 착취하고 급기야 황후 신씨를 폐하고 태자를 내쳤다. 그러자 황후의 아버지 신후가 이민족인 견융과 결탁하여 유왕을 공격했다. 유왕이 봉화를 올려 제후의 군대를 불렀으나 여러 차례 속았던 제후들은 오지 않았다. 신후와 견융은 유왕을 여산 아래에서 잡아서 죽이고 포사는 포로로 잡아갔다. 이때 포사도 붙잡혀 목이 잘렸다는 설이 있다.

이듬해인 기원전 771년 신후는 유왕의 태자였던 의구를 옹립하여 왕으로 삼았는데 바로 평왕이다. 평왕은 즉위한 다음 기원전 770년 도읍을 서안에서 동쪽 낙양으로 옮겨 융의 침략을 피했다. 주나라 왕실은 이때를 기점으로 쇠락해 갔고, 제후국들 중 강한 나라가 주나라 왕실을 무시한 채 약한 제후국들을 합병하는 무질서의 시대로 접어들었다.

역사에서는 유왕의 아들 평왕이 동쪽 낙양으로 천도한 기원전 770년을 기점으로 그 전을 서주西周, 이후를 동주東周라 부르며 시대를 구분한다. 또 기원전 722년부터 시작되는 노나라의 역사책인 『춘추春秋』

여산 봉수대 주나라 유왕이 포사의 웃는 모습을 보려고 봉화를 피웠던 봉수대이다.

주 유왕의 무덤 유왕은 외적에게 죽임을 당하고 시신이 버려졌기 때문에 그의 무덤은 평민의 무덤과 별반 다르지 않다.

를 빌려 춘추 시대의 시작이라고도 한다. 유왕의 유치한 봉화 놀이가 결국 주나라의 역사를 바꾸었고, 중국 역사를 바꾸었던 셈이다.

역사상 여자 때문에 나라를 망친 통치자는 그 수를 헤아릴 수 없이 많다. 하지만 유왕처럼 자기가 아끼는 여자를 웃기려고, 오늘날로 말하자면 공습경보에 해당하는 봉화 놀이를 벌인 경우는 없었다.

유왕은 봉화 놀이 때문에 목숨을 잃고 나라를 망쳤다. 그 이유는 포사라는 여자 때문이라고 한다. 하지만 유왕이 나라를 망친 진짜 이유는 사리사욕에만 눈이 멀었던 괵석보 같은 간사한 자들을 기용하여 백성들을 착취했기 때문이다. 그러나 역사에서는 이 봉화 놀이라는 어처구니없는 사건만을 들며 유왕을 우스갯거리로 전락시켰다.

지금까지 사람들은 나라를 망친 원인 제공자로, 통치자를 사치와 음탕으로 이끌었던 여성을 꼽으며 그들을 화근으로 지목했다. 역사서에 그렇게 기록되어 있기 때문이다. 하지만 우리는 그 이면을 들여다보아야 한다. 그것은 곧 못난 남성, 즉 무능한 통치자에 대한 조롱이라는 사실을 간파해야 한다.

지금도 여산 정상에 남아 있는 봉수대를 보노라면 포사의 웃음소리가 들리는 듯하다. 하지만 기록에 나오듯 그녀의 웃음의 진짜 의미는 유왕의 어처구니없는 놀이에 대한 비웃음은 아니었을까? 어리석은 통치자는 비웃음거리가 된다. 포사의 웃음은 우리에게 못난 통치자의 모습이 어떤 것인지를 슬프게 전하며 못난 통치자의 말로가 어떤 것인지를 잘 보라고 경고하고 있다.

환공

구더기가 파먹은 최초의 패주

'관포지교管鮑之交'라는 사자성어는 초등학생도 뜻을 알 정도로 유명하다. 그런데 '관중管仲과 포숙鮑叔의 우정'을 뜻하는 이 사자성어는 엄밀히 얘기해서 우정만을 의미하는 것이 아니다. '관포지교'의 주인공은 관중과 포숙 외에 환공이란 인물이 한 명 더 있다. 이 고사는 세 사람을 축으로 반세기 가까이 전개된 춘추 시대 최고의 대하드라마라 할수 있다.

기원전 7세기, 그러니까 춘추 시대 초기 지금의 산동 반도에 있던 제齊나라에 정변이 일어났다. 여동생과 간통하고 대신들과의 약속을 밥 먹듯 어기는 양공襄公의 문란한 정치를 보다 못한 대신들이 양공을 살해한 것이다.

그러자 양공의 폭정 때문에 외국으로 피난 가 있던 공자들이 속속 귀국을 서둘렀다. 배다른 형제인 공자 규(糾)와 공자 소백(小白)이 왕위에 가장 근접해 있었는데 이 둘을 보좌하던 사람이 바로 관중과 포숙이었다. 관중과 포숙은 정치적 소용돌이 속에서 서로를 돌봐 주기로 하고 각각 다른 공자를 모셨던 것이다. 그러나 각자 자신이 모시는 주군이 보좌에 올라야 하는 입장이어서 두 사람은 본의 아니게 경쟁 관계가 되었다.

결과적으로 포숙이 모시던 공자 소백이 승리하여 제나라의 통치자가 되었는데 이가 바로 환공이다. 이 과정에서 두 형제는 무력으로 충돌했고, 심지어 관중은 환공을 활로 쏘아 죽이려고까지 했다. 이 때문에 환공은 관중을 원수로 여겨 공자 규를 도왔던 노(魯)나라에 죄수를 호송하는 수레에 관중을 실어 제나라로 보내라고 요구했다. 그러면서 관중의 몸뚱아리를 갈기갈기 찢어 젓갈을 담그겠다고 호언장담했다. 환공이 관중을 어떻게 처리할지 주변 나라들의 관심이 집중되었다.

그런데 이 과정에서 포숙이 나서 환공을 설득했다. 포숙은 제나라 하나만 다스리려면 자기 한 사람으로 충분하지만 천하의 패주가 될 야심이 있다면 자기보다 훨씬 능력이 뛰어난 관중 없이는 안 된다며 자신에게 돌아올 재상 자리를 관중에게 양보했다. 역사상 가장 고귀한 포숙의 위대한 팔로우십(followship)이 발휘된 것이다. 환공은 정치적 손익을 따져 본 끝에 관중을 살려 주고, 포숙의 건의에 따라 그를 재

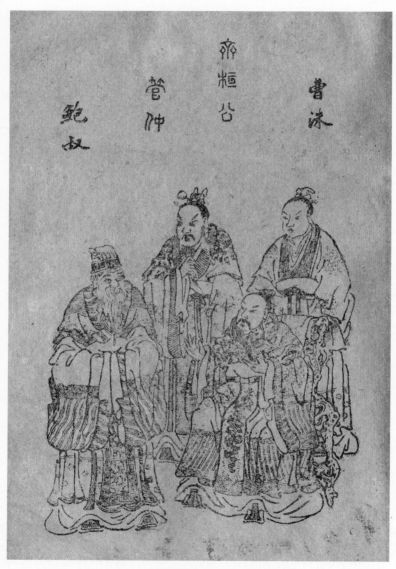

齊桓公

管仲

鮑叔

曹沫

관중, 포숙, 환공의 모습　재상의 자리를 관중에게 양보한 포숙과, 그로 인해 천하의 패주가 된 환공의 이야기는 춘추 시대 최고의 대하드라마이다. 왼쪽에서 차례대로 포숙, 관중, 환공이다.

상 자리에 앉혔다.

관중은 당시 모든 나라가 알아줄 정도로 대단한 인재였다. 그는 포숙의 양보와 환공의 통 큰 화해로 제나라의 국정을 주도하는 자리에 올랐다. 이후 그는 자신의 경륜을 한껏 발휘하여 농업 중심의 경제에서 벗어나 상공업을 장려하는 등 제나라를 명실상부한 일류 국가로 발전시켰고, 환공을 춘추 시대 최초의 패주로 등극시켰다. 환공은 관중의 보좌에 힘입어 제후들을 아홉 번이나 소집하여 패주로서의 지위를 단단히 다지는 등 온갖 부귀영화를 누렸다. 백성들도 너나할 것 없이 부유해졌다.

관중은 약 40년 동안 환공을 보좌하다가 환공과 포숙보다 먼저 세상을 떠났다. 그리고 뒤이어 포숙이 세상을 떠났다. 늙은 환공은 자신의 약점인 술과 여자에서 헤어나지 못하고, 소인배들까지 가까이 하다가 또 다시 쿠데타가 일어나 결국 별궁으로 쫓겨났다. 별궁은 외부인의 출입이 차단되었고 음식도 주어지지 않았다. 가련한 환공은 배고픔에 몸부림치다가 굶어 죽었다. 한때 천하를 호령했던 일대 영웅의 죽음을 모두 나 몰라라 하여 시신이 썩어 구더기가 별궁 담장을 넘어오고서야 비로소 환공이 죽었다는 사실이 알려졌다. 그의 시신은 죽은 뒤 60여 일 만에 수습되어 장례를 치를 수 있었다.

환공은 포숙의 권고를 받아들여 관중을 재상으로 임명할 때 자신이 천하의 패주가 될 수 있겠냐고 물었다. 그러면서 자신이 술과 여자 그리고 사냥을 좋아하는데도 가능하겠냐고 여러 차례 물었다. 그때마다 관중은 얼마든지 가능하다고 했다. 미심쩍었던 환공이 그 방

환공대　제나라 수도가 있었던 산동성 임치에 있다. 환공 시대 건축물이 있었던 곳으로 추정된다.

법을 묻자 관중은 '지인知人' 즉 사람을 알 것, '용인用人' 즉 알았으면 쓸 것, '중용重用' 즉 사람을 쓰되 그냥 쓰지 말고 소중하게 쓸 것, '위임委任' 즉 소중하게 썼으면 권한을 주어 맡길 것을 말했다. 이 네 가지를 든 다음 마지막으로 한 가지를 덧붙였다. 바로 '원소인遠小人'이었다. 관중은 앞의 네 가지를 다 실천하고서도 마지막 한 가지를 소홀히 하면 앞의 네 가지가 모두 쓸모없어진다고 경고했다.

'소인배를 멀리하라.'

환공은 관중과 포숙이 죽자 자신이 스스로 약점으로 꼽았던 술, 여자, 사냥에 빠졌고, 그가 판단력이 흐려진 틈을 타 소인배들이 환공의 곁을 맴돌았다. 관중과 포숙이란 이성적 제어 장치가 사라지자 환공은 감정에만 휘둘리게 된 것이다.

인간은 나이가 들면 판단력이 흐려지기 마련이고 이는 누구도 피할 수 없는 숙명이다. 그래서 판단력이 또렷할 때 뒷일을 대비해 두는 것이다. 그리고 자신의 노욕^{老慾}을 제어할 이성이 확실하게 작동할 때 물러나야 한다. 적어도 구더기가 자신의 시체를 파먹게 해서는 안 되지 않겠는가! 알고도 실천하지 못하는 것은 결국 탐욕과 어리석음 때문이다.

정자산 나라와 백성을 제 몸처럼 여기다

정자산은 춘추 시대 정나라 사람으로 공자孔子보다 약 30년 연상이다. 약관의 나이로 정계에 들어가 40년 가까이 정나라 국정을 주도했다. 당시 정나라는 '구주九州의 목구멍'이라는 표현이 잘 말해 주듯 강대 국들의 틈바구니에 끼여 늘 좌고우면左顧右眄(앞뒤를 재고 망설임)하며 불 안에 떨던 약소국이었다. 게다가 국내 정치도 허구한 날 정쟁으로 국 력을 소모하고 있었다. 정자산의 아버지도 이 정쟁의 와중에 피살되 었다.

이런 상황에서 정자산은 개혁 정치와 등거리 외교로 정나라를 작 지만 단단하게 변모시켰다. 그가 정국을 주도하자 수구 기득권 세력들은 격렬하게 반발했다. 교육 장소인 향교鄕校는 정쟁의 장소로 변질되었다. 정자산의 측근과 민심은 향교를 폐지하자는 쪽이었다. 그러나 정자산은 여론 수렴의 장소로 재활용하는 지혜를 발휘하며 이렇게 말했다.

정자산의 초상화

"조만간 그곳에 모여 권력을 쥔 사람들의 장단점을 논의할 것이다. 그들이 칭찬하는 점은 계속 유지하고 비판하는 점은 고치면 될 터이니 우리의 스승이 될 것이다. 충성스럽게 백성을 위해 좋은 일을 하면 백성의 원성도 줄어들 것이다. 위엄과 사나움만 가지고는 원망을 막을 수 없다. 사람은 누구나 비난을 들으면 그것을 서둘러 제지하려 한다. 그러나 이는 마치 넘치는 홍수를 막으려는 것과 같다. 홍수로 인한 피해는 많은 사람들을 다치게 하여 어찌해 볼 수 없다. 제방을 터서 물길을 다른 곳으로 흐르게 하느니만 못하다. 향교를 남겨 두는 것은 사람들의 논의를 듣는 것 자체가 좋은 약으로 병을 낫게 하는 것과 마찬가지이기 때문이다."

정자산은 개인 재산의 합법성을 인정하여 농지 정리를 단행하고 이를 법률로 보장했다. 그는 법률을 청동 솥에 새긴 다음 관청 문 앞에 세워 누구든 법조문을 알 수 있게 했다. 개혁에 저항하는 기득권을 향해서 백성에게 이롭다면 자신은 무슨 일이든 할 것이라며 단호하게 개혁을 밀고 나갔다.

정나라 옛 정한고성   현재는 고성의 일부만 남아 있다.

　정자산은 정치의 본질에 관한 성찰로 "정권을 잡으면 반드시 인덕
仁德으로 다스려야 한다. 정권이 무엇으로 튼튼해지는지 잊어서는 안
된다"는 뼈 있는 말을 남겼다. 정권은 백성이 있음으로 튼튼해진다
는 말이다. 그리고 정치의 구체적인 방법을 다음과 같이 들었다.

　"정치에는 두 가지 방법밖에 없다. 하나는 너그러움이고 하나는 엄
격함이다. 덕망이 높고 큰 사람만이 관대한 정치로 백성들을 따르게
할 수 있다. 물과 불로 비유해 보자. 불이 활활 타오르면 백성들은 겁
을 먹는다. 그래서 불에 타 죽는 사람은 적다. 반면 물은 성질이 부드
럽기 때문에 겁을 내지 않는다. 이 때문에 물에 빠져 죽는 사람이 많
은 것이다. 관대한 통치술이란 물과 같아 효과를 내기가 여간 어렵지
않다. 그래서 엄격한 정치가 많은 것이다."

요컨대 효과가 금방 나타나는 불과 같은 정치에 의존하기보다는 더디지만 그 영향력이 크고 깊은 물과 같은 너그럽고 큰 정치를 추구하라는 말이다. 그가 재상이 되어 개혁 정치를 추진한 결과 1년 만에 더벅머리 아이들이 버릇없이 까부는 일이 없어졌고, 노인들이 무거운 짐을 들고 다니지 않아도 되었으며, 어린 아이들이 밭갈이 등 중노동에 동원되지 않게 되었다. 2년째가 되자 시장에서 물건 값을 깎는 일이 없어졌고, 3년째가 되자 밤에 문을 잠그지 않아도 괜찮았고 길에 떨어진 물건을 줍는 사람이 없었다. 4년이 지나자 밭 갈던 농기구를 그대로 놓아둔 채 집에 돌아와도 아무 일이 없었다. 5년이 지나서는 군대를 동원할 일이 없어졌고 상복 입는 기간을 정해서 명령하지 않아도 다들 알아서 입었다.

사마천은 정자산의 정치에 대해 '불능기不能欺'란 표현을 썼다. '속일 수 없다'는 뜻이다. 이는 사나운 정치로 일관하여 백성들이 감히 속일 수 없었던 서문표의 '불감기不敢欺'와 지나치게 어진 정치 때문에 백성들이 차마 속일 수 없었던 복자천의 '불인기不忍欺'보다 한 차원 높은 정치를 가리키는 말이다.

정치를 하는 사람과 정치는 아는 사람은 다르다. 정치를 하는 사람 중에는 정치를 잘하는 사람도 있고 못하는 사람도 있지만, 정치를 제대로 잘 아는 사람은 극히 드물다. 정치를 잘하려면 정치를 알아야만 한다. 정치의 본질과 정치의 속성, 정치가 궁극적으로 지향하고자 하는 목적이 무엇인지 알아야만 정치를 잘할 수 있다. 정자산이야말로 제대로 '정치를 알았던 사람'이었다.

금수하 백성들이 돈과 패물을 던져 버렸다는 곳으로 정자산의 청렴함과 노블레스 오블리주를 알려 주는 곳이다.

 40년 동안 오로지 백성과 나라를 위해 몸과 마음을 바쳤던 정자산이 세상을 떠나자 백성들은 이제 누구를 믿고 살아가야 하냐며 통곡했다. 공자도 눈물을 흘리면서 안타까워하며, "그는 고인의 유풍을 이어받아 백성을 사랑했다"라는 애도사를 남겼다.
 정자산이 죽자 후손들은 장례를 치를 비용이 없어 그의 시신을 광주리에 담아 메고 산으로 가서 그냥 묻을 수밖에 없었다. 이를 안 백성들이 안타깝고 안쓰러운 마음에 돈이며 패물을 가져와서 제대로 장례를 치르라고 울며 애원했다. 그러나 후손들은 이를 모두 거절했다. 백성들은 가져온 돈이며 패물을 정자산의 집 앞에 있는 시내에 모두 던져 버렸다. 그러자 시냇물이 영롱하게 빛이 나기 시작했다. 사람들은 그 시내를 금수하金水河라고 불렀으며 지금도 옛날 정나라 도읍이었던 하남성 정주시^{鄭州市}에 흐르고 있다.

40년 정치 인생에서 정자산은 절반에 가까운 약 20년을 재상 자리에 있었다. 게다가 그의 할아버지가 정나라 최고 통치자인 목공^{穆公}이었으니 그의 신분은 왕족인 셈이었다. 이처럼 고귀한 신분의 인물이 장례 치를 비용조차 남기지 않았으니 그가 얼마나 청렴했는지 충분히 짐작할 수 있다.

정자산은 이렇게 말한다.

"백성과 나라에 이익이 되는 일이라면 생사를 그 일과 함께할 것이다."

정자산의 삶과 죽음은 탐욕과 사리사욕에 찌든 우리에게 노블레스 오블리주가 어떤 것인지 아느냐고 따끔하게 일러 준다.

공자

스스로 성찰해 세상의 모범이 되다

스스로 성찰해 세상의 모범이 되다

70대 노인에게 10대부터 지금에 이르는 자신의 칠십 평생을 10년 단위로 짧게 정리해 보라고 했을 때 요령 있게 자신의 인생을 정리할 수 있는 사람이 과연 몇 명이나 될까? 역사상 가장 뛰어난 모범 답안을 제시한 어른을 들라면 아무래도 공자를 꼽을 수 있을 것이다. 그는 자신의 칠십 평생을 단 38자의 문장으로 표현하였다. 아마 세계에서 가장 짧은 자서전이자 회고록이라고도 할 수 있을 것이다.

『논어』「위정」편에 나오는 공자의 38자 회고록을 보자.

오십유오이지우학 吾十有五而志于學

삼십이립三十而立

사십이불혹四十而不惑

오십이지천명五十而知天命

육십이이순六十而耳順

칠십이종심오욕불유구七十而從心所欲不踰矩

나는 열다섯 살 무렵에 배움에 뜻을 두었고

서른 무렵에 내 뜻을 세웠다.

마흔 즈음에 흔들리지 않게 되었고

쉰 무렵에는 천명을 알게 되었다.

육십에는 남의 말이 순수하게 들렸고

칠십이 넘어가면서는 마음 가는 대로 따라가도 이치에 어긋나지 않
았다.

　　공자는 기원전 551년에 태어나 기원전 479년 73세로 세상을 떠났
다. 공자는 평생 자신의 정치적 이상을 현실에 적용시키기 위해 무던
히 애썼지만 시대는 공자의 이상을 인정해 주지 않았다. 그래서 '공
자의 정치적 생애는 실패'라고 말하기도 한다. 이 38자 회고록은 공
자가 나이 70세가 넘자 자신의 인생을 회고하면서 제자들에게 말한
것일 터이다. 어쩌면 세상을 떠나기 전 마지막으로 삶을 정리하면서
감개무량한 심경을 고백한 유언이었을지도 모르겠다. 이 글은 한 개
인의 일생을 정리한 것은 물론, 인간의 성숙 과정과 단계를 깊이 성

성적도聖迹圖   대사구(형조판서에 해당) 벼슬을 지낼 당시 공자의 모습을 그린 것이다. 위쪽 왼쪽에 앉아 있는 사람이 공자이다.

찰하여 압축한 한 편의 정신사精神史라 할 만하다.

이 38자 회고록에 대해서는 역대로 숱한 해석과 해설 및 과분한 평가가 따랐다. 예컨대 15세 때 공부에 뜻을 두었다고 한 부분을 인생에 눈을 뜨고 세계관의 탐구에 자주적으로 뜻을 세웠다고 해석하거나, 30세 무렵 뜻을 세웠다는 부분을 공자가 30세 무렵 천하적 세계관에 도달했다는 알듯 모를듯 다소 황당한 해설이 나오기도 했다.

공자는 15세 무렵에 공부를 해야겠다고 마음먹었고, 30대에는 자신이 무엇을 해야 할지에 대해 뜻을 세웠으며, 40대에는 강한 책임감과 주관을 가지고 엉뚱한 유혹에 흔들리지 않았으며, 50대에는 세상 사 돌아가는 이치에 대해 알게 되었고, 60대에는 남의 말을 있는 그 대로 순수하게 받아들였다.

40대 '불혹'의 공자는 「자한」편과 「헌문」편에서 "지혜로운 사람은 유혹에 흔들리지 않는다"고 한 부분과 연관이 있으며, 60대 공자는 『논어』 「헌문」편에서 "하늘을 원망하지도 않고 사람을 탓하지도 않는다"고 말한 것처럼 행동하였으며 만년에 접어든 70대에는 마음 가는 대로 말하고 행동해도 남의 마음을 상하게 하지 않고 사회에 어떤 피해도 주지 않게 되었다고 해석할 수 있다. 한 가지 분명한 사실은 공자가 70세에 접어들어 자신의 인생을 깊게 성찰했다는 것이다.

사실 공자는 근엄하고 고지식한 사람이 아니었다. 그는 곤경에서 도 웃음과 유머를 잃지 않았다. 한번은 공자가 제자들과 길이 엇갈린 적이 있었다. 잠시 후 누군가가 공자를 찾고 있는 제자들에게 동문에 서 공자처럼 생긴 사람을 보았다며 그 모습을 묘사한 다음, 행색이 영락없이 '집 잃은 개' 같더라고 했다. 이후 공자는 제자들과 만나 이 이야기를 전해 듣고는 "다른 건 몰라도 집 잃은 개 같다는 말은 그럴 듯하구나"라며 껄껄 웃었다.

또한 음악 연주를 듣고 나면 꼭 박수를 치며 '재청'을 청하였으며, 제자들이 오늘날 정치가들이 어떠냐고 묻자 "아, 그 쩨쩨한 인간들 은 인간 축에도 끼지 못한다"며 통렬하게 욕할 줄 알았다. 또 누군가 가 "공자는 정말 위대하다. 그렇게 박학다식하면서 특기 하나 없으 니"라고 비꼬자, 공자는 "나한테 무슨 특기라도 가르쳐 주려고? 말을

공자상　서안시 비림 박물관 주변에 조성되어　공자의 무덤인 공림孔林
있다.

탈까, 아니면 활을 쏠까? 아무래도 말을 타는 것이 낫겠지?"라며 재
치 있게 받아넘기는 인간미 있는 사람이었다.

　공자의 정치·사회 활동은 실패작이었다고 하지만 그의 성찰은 한
인간의 성숙 단계가 진솔하게 드러나 있는 것은 물론, 그 과정에 동
반된 노력과 열정이 강하게 느껴진다. 그가 만년에 교육 봉사 쪽으로
방향을 잡은 것도 이러한 자기 성찰에 따른 자연스러운 결론이었을
것이다. 정치가로서 뜻을 얻지 못했지만, 수십 년 천하를 두루 돌아
다니면서 세상과 인간을 탐구하고 끊임없이 자신을 성찰한 결과 공

자는 '만세사표^{萬世師表}(영원한 스승의 표상)'로 영생을 얻을 수 있었다.

각자 자신의 인생을 10년 단위로 끊어 짤막하게 표현해 보면 어떨까? 정치적 야욕을 위해 온갖 치장을 한 거창한 자서전이나, 남이 대신 써 주는 대필 자서전이나, 미사여구와 자화자찬으로 가득 찬 낯뜨거운 회고록이나, 온통 이념에 매몰되어 다른 사람들을 사정없이 물어뜯는 애처로운 회고록 따위가 아니라 자신의 생을 진솔하게 성찰하는 짧은 자서전 말이다.

오자서

내 눈알을 파내 성문에 걸어 두어라

『사기』 속 인물들 중 가장 극적이고 파란만장한 삶을 산 인물을 들라면 오자서를 첫 손가락에 꼽을 수 있을 것이다. 그는 춘추 시대 말기 오吳나라의 대신으로 크게 활약했으나 원래는 초楚나라 출신이었다. 아버지 오사伍奢는 초나라 평왕平王 때 태자 건建의 사부였으나 바른 소리를 하다가 오자서의 형과 함께 죽임을 당했다. 오자서는 혼자 간신히 초나라를 탈출하여 오나라로 달아나 공자 광光이 오왕 요僚를 죽이고 왕위를 탈취하도록 도왔다.

공자 광이 왕위에 오르니 그가 바로 유명한 오월춘추 주인공 중 하나인 오왕 합려闔閭이다. 오자서는 합려를 도와 군대를 정비한 다음 단

숨에 초나라의 수도 영^郢(지금
의 호북성 강릉 북쪽)을 공격하여
멸망시키고 아버지와 형을 죽
인 초 평왕의 시체를 파내 채
찍질을 했다.

합려가 죽고 아들 부차^{夫差}가
뒤를 이었을 때는 대부가 되
어 국사에 참여했다. 그러나
대외적으로 대립 관계에 있던
월^越에 대해 "화의해서는 안
되며, 북쪽으로 올라가 패권을

풍운아 오자서　피리를 불며 문전걸식할 때의 모
습을 그린 것이다.

다투어서는 안 된다"는 주장을 내세워 점차 오왕 부차와 멀어졌다.
그러던 중 제나라에 사신으로 가서 포씨^{鮑氏}에게 자신의 아들을 부탁
했는데, 간신 백비^{伯嚭}가 이 일을 이용하여 오자서를 모함했고 백비의
말을 믿은 오왕 부차는 크게 노하여 그에게 자살을 명령했다.

오자서는 죽기 전 자신이 죽고 나면 두 눈알을 뽑아 고소성^{姑蘇城} 성
문 위에 걸어 오나라가 망하는 꼴을 똑똑히 보게 해 달라고 유언을
남겼다. 오자서의 삶은 원한과 복수로 점철된 파란만장 그 자체였고,
이런 그의 삶은 중국사가 춘추 시대를 돌아 전국 시대로 접어들고 있
음을 상징적으로 보여 준다. 훗날 오왕 부차는 오자서의 충고를 듣지
않아 나라가 망하게 되었다며 죽어서도 오자서를 볼 면목이 없으니
천으로 얼굴을 가려 달라고 한 다음 목숨을 끊었다고 한다.

오자서는 숱한 고사의 주인공으로 그로부터 만들어진 고사성어가 많다. '굴묘편시掘墓鞭屍'는 아버지와 형님을 죽인 초나라 평왕의 시신을 꺼내 채찍질을 한 것에서 나온 말로 원한과 복수를 대변하는 섬뜩한 고사성어이다. 이 모습을 지켜보던 친구 신포서申包胥가 너무한다며 오자서를 나무라자 오자서는 '날은 저물고 갈 길은 머니 때로는 일을 거꾸로 할 수 있다●'고 답했다. 이 밖에도 오왕 요를 암살할 때 자객 전제專諸를 추천하여 '물고기 배 속에다 비수를 감추게 한●●' 고사도 유명하다.

그러나 오자서의 성격과 기질을 가장 잘 드러내는 것은 역시 그가 자결하기 전에 남긴 유언이다. 젊은 군주 부차와 정치·외교적 견해가 계속 어긋났지만, 오자서는 부차에게 끊임없이 충고했다. 하지만 아버지 합려와는 달리 부차는 오자서의 잔소리가 듣기 싫었다. 게다가 간신 백비가 오자서를 헐뜯고 끼어들면서 둘 사이는 견원지간犬猿之間처럼 변질되었다. 오나라의 미래를 예감한 오자서는 아들만이라도 살릴 생각에 제나라의 세력가 포씨 집안에 아들을 맡겼다. 이 일로 부차는 오자서에게 검을 내려 자결하게 한 것이다.

"아아! 간악한 참신 백비가 나라를 어지럽히고 있거늘 왕은 거꾸로 나를 죽이려 하는구나! 내가 그 아비(합려)를 패자로 만들었고, 왕위에 오르기 전 여러 공자와 왕 자리를 다툴 때 내가 목숨을 걸고 선

● 일모도원日暮途遠 도행역시倒行逆施
●● 어복장검魚腹藏劍

오자서의 무덤　강소성 소주 오현에 있다.

왕과 싸웠다. 그렇지 않았다면 지금 왕은 태자가 될 수 없었을 것이
다. 왕위에 오른 뒤 내게 오나라를 나누어 주려고 했을 때 나는 그것
을 받지 않았다. 그런데 그랬던 그가 지금 아부하는 신하의 말만 듣
고 나를 죽이려 하는구나!"

　오자서는 이렇게 한탄하고 자신의 문객에게 다음과 같은 유언을
남겼다.

　"내 무덤 위에는 반드시 가래나무를 심어 관의 재료로 삼도록 하
라. 그리고 내 눈알은 도려낸 뒤 오나라 동문 위에 걸어서 월나라 군
사가 오나라를 멸망시키는 것을 볼 수 있게 하라."

　이 사건에서 '내 눈알을 도려내어 문에 걸어라'는 뜻의 '결목현문決
目懸門'이란 복수와 저주를 뜻하는 고사성어가 탄생했다. 오자서의 유

서문　오자서를 기리는 문으로 오자서의 이름을 따 서문이라고 부른다.

언을 전해 들은 부차는 노발대발 성을 내며 오자서의 시체를 말가죽 자루에 넣어 강에 던져 버리라고 명했다. 오나라 사람들은 오자서의 죽음을 슬퍼하며 그를 위해 강기슭에 사당을 세우고 오자서의 이름 한 글자를 따서 서산胥山이라 불렀다. 또 다른 기록에는 오자서의 시체를 버린 강을 서강胥江이라 불렀다고 전한다.

　오자서는 초나라에서 오나라로 건너가 합려가 왕위에 오르는 것을 도운 것은 물론 오나라를 일약 강대국으로 키웠다. 그리고 오나라 군대를 이끌고 조국을 쳐들어가 아버지와 형님의 원수를 갚았다. 사마천은 오자서의 복수를 두고 "원한이 사람에게 미치는 해독이 정말 심하다"면서도 오자서가 "작은 의를 버리고 큰 치욕을 씻어 후세에 이름을 남겼다"고 평가했다. 그러면서도 슬프다고 덧붙였다.

　오자서는 답답했을 것이다. 월나라를 등 뒤에 두고 중원 진출에만 열을 올리는 부차, 간신 백비의 득세, 부차의 방탕한 생활 등이 오나라의 멸망을 재촉하고 있었다. 미래가 보이는 상황에서 오자서에게는 선택의 여지가 없었다. 모든 죽음(삶)은 상황이 만들어 내지만 그 상황을 주도하느냐 끌려다니느냐는 자기 몫이다. 상황을 주도할 수 없는 경우 어떤 선택을 하느냐가 관건이다. 오자서는 끝까지 자신의 선택을 굽히지 않으면서 자신의 죽음도 충분히 예견했다. 아들을 제 나라로 보낸 것은 반역 행위였지만 오자서는 개의치 않았다. 오나라의 멸망을 이미 직감하고 있었기 때문이다. 사실 그의 극단적인 유언은 역설에 가까웠다. 자신이 키워 놓은 오나라와 자신의 도움으로 즉위한 젊은 군주 부차가 자신을 버릴 줄은 몰랐던 것이다. 평왕에게는 생전에 복수했지만, 오나라와 부차에게는 생전에 복수할 힘도 기회도 없었다. 그래서 대신 저주를 택했다. 그리고 오자서의 예언대로 오나라는 월나라에 망했다.

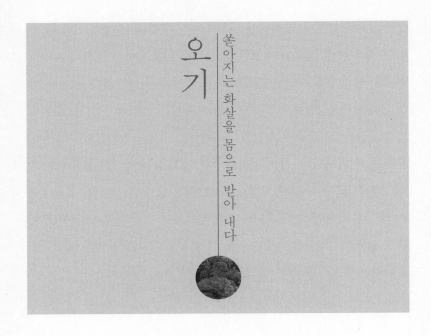

오기

쏟아지는 화살을 몸으로 받아 내다

자신의 아내를 죽이면서까지 장군 자리에 집착했다 하여 '살처구장 殺妻求將'이란 고사성어를 만들어 낸 오기는 2,300년 동안 논쟁을 몰고 다닌 문제의 인물이다.

오기는 전국 시대 군사 전문가로 위衛나라 좌씨左氏(지금의 산동성 조현 북쪽) 사람이다. 처음 노魯나라의 장수가 되어 제나라 군대를 대파했 으나 모함을 받고 위나라로 가서 이괴李悝의 개혁 정치를 보좌하면서 군비를 정돈하여 문후文侯에 의해 중용되었다. 이후 서하西河(지금의 섬서 성 함양 일대) 군수를 거치면서 크게 명성을 떨쳤다.

그러나 문후를 이은 무후武侯 때 구세력 왕착王錯 등에게 배척되어 초

^楚나라로 달아났다. 초나라 도왕^{悼王}은 그를 완^宛(지금의 하남성 남양)의 군수에 임명했고 얼마 되지 않아 영윤^{令尹}으로 발탁하였다. 초나라를 돕는 동안 그는 법령을 분명하게 집행하여 무능하고 남아도는 관리들을 줄이고 구귀족들이 변경에 개간한 땅에서 세금을 거두어 그것으로 전투병을 훈련시키도록 했다. 남으로 양^陽·월^越을 수습하고, 북으로 진^陳·채^蔡·삼진^{三晉}을 물

吮卒病疽

부상당한 병사의 피고름을 빨고 있는 오기의 모습
오기는 병사들을 자기 몸처럼 아꼈다.

리쳤으며, 서쪽으로 진^秦을 정벌하는 등 국력을 강화했다.

그러나 도왕이 죽은 뒤 종실 대신들이 난을 일으키자 죽음을 직감한 오기는 왕궁으로 들어가 죽은 도왕의 시신 앞에 엎드려 종실 대신들이 보낸 자객들이 쏜 수많은 화살에 맞아 죽었다. 그때 도왕의 시신도 손상이 될 수밖에 없었는데, 새로 즉위한 왕은 그 사건에 관련된 자들을 잡아들여 모두 처형했다. 오기는 죽으면서도 자신을 해치고자 한 정적들을 제거하는 절묘한 기지를 발휘하여 후세 사람들의 감탄을 자아냈다.

『한서』「예문지」에 따르면 병법서『오기』가 48편이 있었다고 하나 일찌감치 사라졌고, 지금은『오자吳子』6편이 남아 있으나 그것도 후대 사람이 그의 이름을 빌린 것으로 본다.

오기는 춘추 시대의 손빈孫臏와 더불어 전국 시대를 대표하는 군사 전문가로 꼽힌다. 여러 나라를 돌면서 각국의 개혁 정치를 도왔으나 끝내는 수구파라는 장애물을 넘지 못했던 비운의 개혁 정치가이기도 하다.

오기는 당초 고국 위나라에서 자신을 모욕하는 자들을 죽인 죄로 수배당해 노나라로 도망쳤다. 그곳에서 노나라 군대에 줄을 대려 애를 썼으나 노나라의 수구 세력들은 오기의 능력을 시샘했다. 그래서 오기를 기용해 봤자 제나라 출신의 아내 때문에 도움이 안 될 것이라고 트집을 잡았다. 당시 노나라의 주요 상대는 제나라였다. 이에 오기는 아내를 죽여 자신의 의지를 보여 주었다.

노나라는 오기를 장수로 기용하여 제나라와의 전투에서 승리를 거두었다. 그러자 오기가 아내를 죽이면서까지 장수 자리를 탐냈으니 무슨 짓이든 못하겠냐며 그를 헐뜯었다. 오기는 비참한 심경으로 서쪽 위나라로 돌아갔다.

개혁 군주였던 위나라 문후는 오기의 단점보다는 장점을 높이 사 그에게 당시 위나라의 경쟁국이었던 진秦나라를 방어하는 중책을 맡겼다. 오기는 진나라의 동진을 완벽하게 막아 냈다. 60차례가 넘는 전투에서 오기는 단 한 번도 패하지 않아 그에게는 '늘 이기는 장군'이란 뜻의 '상승장군常勝將軍'이란 명예로운 별명이 따랐다.

도왕의 시신 앞에서 화살을 맞고 있는 오기의 모습을 나타낸 석조물

하지만 문후가 죽고 무후가 집권하면서 오기는 다시 수구 세력의 견제에 시달리다 결국 다시 초나라로 거처를 옮겼다. 초나라 도왕은 그의 개혁 정치를 지지했지만 도왕이 죽자 오기는 다시 수구 세력의 공격을 받아 죽게 된 것이다.

파란만장한 개혁가, 국경을 초월한 구조조정의 전문가, 무패의 전략·전술가로 평가받는 오기의 삶은 비참한 최후를 맞았음에도 불구하고 빛난다. 그의 개혁은 늘 수구 세력의 완강한 저항에 부딪쳤지만 변혁의 시대에 부합했기 때문에 각국 군주들은 그를 이용하여 나라를 개혁했다. 그러다 쓸모없다고 내쳐져도 오기는 자신의 역할을 기꺼이 받아들였다. 오늘날로 보자면 그는 개혁 전담 대표 이사와 같은 존재였다.

뛰어난 군사 전문가이기도 한 오기는 군대에서 병사들의 교육과 정신 무장을 강조했다. 그는 의식 있는 군대와 장수의 작전과 전략을 충분히 이해하고 있는 군대가 전쟁에서 승리할 수 있다고 확고하게 믿고 있었다. 또 오기의 개혁 사상이 다른 것들에 비해 한 차원 높다는 평가를 듣는 까닭은 군사와 정치의 관계를 깊이 인식했기 때문이다. 그는 국가의 안위와 성쇠는 정치의 질에 달려 있다고 단언했다.

오기의 개혁 사상은 전국 시대 전반에 적지 않은 영향을 주었고 그것이 병법서에 반영되어 그 일부가 지금까지 전한다. '살처구장'이란 논쟁적 고사성어의 주인공으로 늘 냉온탕을 오가는 평가에 시달려 왔지만 그가 추구했던 개혁 철학과 정치와 군사가 하나라는 관점은 지금도 그 의미를 진지하게 되새겨야 한다.

초나라 도왕의 시신 위로 몸을 던져 비록 목숨을 잃었지만 죽음으로 수구 세력을 일거에 제거했다는 점에서 오기의 마지막 순간은 많은 사람의 뇌리에 깊이 새겨진 명장면이라 할 만하다.

방연 질투가 화살이 되어 돌아오다

방연은 전국 시대 최고의 병법가로 인정받는 손빈을 모함하여 앉은
뱅이로 만든 인물이다. 이후 손빈은 방연에게 통쾌하게 복수함으로
써 더욱 유명해졌다. 방연은 손빈과 함께 당대의 기인^{奇人} 귀곡자^{鬼谷子}
에게 배웠다. 귀곡자는 운몽산^{雲夢山}에서 '귀곡서당'을 운영하며 많은
인재들을 길러냈는데 전국 시대 말기 최고의 유세가 소진^{蘇秦}과 장의
^{張儀}도 그 밑에서 공부했다고 전한다. 주로 사람의 속마음을 꿰뚫어 보
는 췌마술^{揣摩術} 등이었지만, 책략과 병법에 관한 학과도 있었을 것으
로 추정한다.

방연은 열심히 공부했지만 늘 자신이 손빈에게 못 미친다고 느끼

고 있었다. 그러한 심한 열등감에 빠져 있던 방연은 귀곡서당에 더 이상 있어 봤자 뾰족한 수가 없다고 판단하고는 먼저 하산하여 당시 최강국인 위(魏)나라 혜왕을 찾아가 군대의 전략과 전술을 담당하는 자리를 얻게 되었다. 귀곡자의 가르침을 받은 방연은 능력이 뛰어났다. 위나라는 여러 전투에서 연전연승하며 위세를 떨쳤고 방연은 크게 성공했다. 그러나 그의 마음 한켠에는 늘 손빈이 있었다.

방연은 손빈을 자기 곁으로 불러들이는 편이 차라리 마음이 놓일 것이라 판단하고 혜왕에게 부탁했다. 혜왕이 흔쾌히 수락해 막상 손빈이 위나라로 건너오자 방연은 곧 후회했다. 그가 누구인가? 손빈이었다. 멀리 있어도 질투를 느끼는데 가까이 있으니 오죽하겠는가. 방연은 초조함을 느끼고 자신의 자리와 미래가 불안하다고 여겼다.

결국 방연은 손빈을 해치기로 작정했다. 그래서 손빈이 제나라 고

운몽산 귀곡

향 집으로 보내는 편지를
가로채서 내용을 조작하고
는 손빈이 제나라와 내통하
고 있다고 모함했다. 당시
서방과 동방의 강국으로 군
림하던 위나라와 제나라는
천하의 패권을 놓고 다투는
강력한 라이벌이었다.

혜왕은 불같이 화를 내며
손빈을 처형하라고 했다. 방
연은 짐짓 손빈의 재주를
아끼는 척하며 목숨만을 살
려 달라고 혜왕에게 간청했

귀곡에서 수학하는 방연과 손빈

다. 그러면서 움직일 수 없게 무릎뼈를 발라내는 빈형^{臏刑}을 내리라고
일러 주었다.

결국 손빈은 불구가 되었지만 방연에게 감사했다. 그가 자신의 목
숨을 살려 준 은인이라고 생각했기 때문이다. 방연은 뒤에서 모든 것
을 철저히 조종하며 자신의 정체를 숨겼다. 그러고는 손빈에게 거처
를 마련해 주며 병법서를 쓰도록 권했다. 사람도 딸려 주었는데 아마
도 손빈을 감시하라는 밀명을 받은 방연의 측근이었을 것이다. 그런
줄도 모르고 손빈은 자신의 목숨을 구해 주고 자신의 생활까지 돌봐
주는 친구 방연에게 감사했다.

그런데 방연이 딸려 보낸 사람은 아무것도 모른 채 방연을 구세주처럼 여기는 손빈이 안쓰러웠다. 게다가 손빈의 훌륭한 인품에 반해 결국 방연의 음모는 들통 나고 말았다. 손빈은 미치광이 행세를 하여 방연의 마수에서 벗어나 제나라로 갔다. 방연은 손빈이 탈출했다는 보고를 받고 내심 불안했지만 그것은 잠시뿐이었다. 불구의 몸이 된 손빈이 뭘 어쩌겠느냐는 생각이 들었기 때문이다. 하지만 이것은 방연의 착각이자 안일한 생각이었다.

기원전 353년 사방에서 공격을 받던 위나라는 난국을 타개하기 위해 조나라를 공격했다. 방연이 8만 군사를 이끌고 앞장섰다. 위나라의 공격에 조나라는 제나라에 구원을 요청했다. 조나라의 구원 요청을 받은 제나라는 고민 끝에 참전하기로 결정했는데 이때 장군 전기田忌의 집에 있던 손빈은 조나라로 구원병을 보내지 말라며 '위위구조圍魏救趙'라는 전술을 내놓았다. 위나라의 수도를 곧장 치자는 것이었다. 결과는 대성공이었다. 방연은 계릉桂陵에서 제나라 군대에 대패했다. 방연이 이 전투를 통해 손빈의 존재를 알게 되었는지는 알 수 없지만 그로부터 10년 뒤에 벌어진 마릉馬陵 전투에서 방연은 손빈의 존재감을 실감하게 되었다.

이때도 상황은 전과 비슷했다. 위나라의 공격 대상이 조나라에서 한나라로 바뀐 것만 달랐다. 손빈은 또 한 번 위나라 수도를 곧장 공격했다. 방연은 수도가 공격 받는 상황에서 군사를 돌릴 수밖에 없었고, 회군 중에 제나라 군대와 마주쳤다. 손빈은 일부러 패한 척하며 온갖 작전으로 방연을 유인했고, 방연의 군대는 손빈의 전술에 따라

마릉 전투 유적지 방연이 마지막까지 손빈을 질투하며 최후를 맞이한 곳이다.

마릉에 미리 매복하고 있던 제나라 군대에게 공격당해 전멸했다.

방연은 자결하기 전 이런 말을 남겼다.

"내가 오늘 이 촌놈(손빈)의 명성을 세상에 알리게 만들었구나."

방연은 죽으면서도 손빈의 명성이 세상에 알려지는 것을 질투했다. 동문수학할 때부터 손빈에게 가졌던 열등감을 극복하지 못하고 결국 죽음이라는 결과를 초래한 것이다.

사실 방연은 손빈을 그냥 공부 잘하는 친구로 잘못 알고 있었다. 게다가 두 다리를 잃은 불구였으니 오죽했겠는가? 착각은 내면의 공허함을 감추는 수단이고, 그 공허함은 결국 질투로 드러나고 질투로 마무리된다. 그렇게 방연은 허탈한 비웃음을 남긴 채 역사에서 사라졌다.

방연은 지금 우리에게 이런 생각을 하게 한다.

'아무리 해도 따를 수 없는 상대가 내 앞에 있다면 내가 지금 그를 어떻게 생각하고 있는지 다시 되돌아보라!'

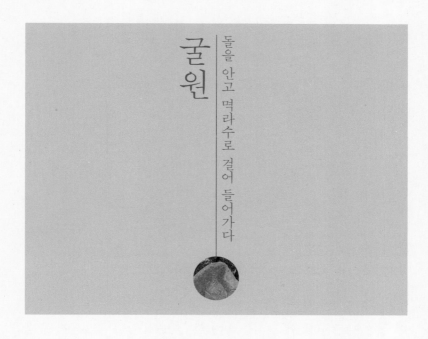

굴원 돌을 안고 멱라수로 걸어 들어가다

전국 시대 말기 남방 초나라의 애국 시인이자 '초사楚辭'라는 남방 문학의 효시로 이름난 굴원은 초나라의 대신이었다. 회왕懷王 때 탁월한 재능을 인정받아 국내외 정치를 이끌었다.

전국 7웅 중 하나였던 초나라는 장강 중·하류를 근거지로 하며 가장 남쪽에 치우쳐 있던 나라였다. 광활한 영토와 굳건한 국력으로 당시 가장 강했던 진秦나라에 대항할 수 있는 유일한 강국이었다. 그러나 국력이 점차 기울어 기원전 3세기 말 무렵에는 진나라의 압박을 받는 신세로 전락하고 말았다.

이 무렵 천하는 불세출의 유세가인 소진蘇秦이 제안한 6국이 연합하

굴원의 모습을 새긴 석조물　호남성 장사시의 한 공원에 있다

여 공동으로 진나라에 맞서는 '합종책^{合縱策}'을 따랐다. 즉 6국이 동맹
을 맺어 진나라에 대항함으로써 일시적으로 평안 상태를 유지한 것
이다. 하지만 이어 등장한 장의^{張儀}의 각개 격파 전략인 '연횡책^{連橫策}'이
먹히며 동맹은 이내 깨지고 말았다. 진나라는 금전과 여색으로 초나
라 중신들을 매수하는 전략을 폈고, 이것이 효과를 발휘하여 초나라
내부에 '친진파^{親秦派}'까지 생겨나게 되었다. 초나라는 안팎으로 곤경
에 처했다. 진나라는 위협과 회유 양면책을 사용해 초나라에 신하가
될 것을 요구하고 나섰다.

　이 무렵 굴원은 진나라가 언젠가는 초나라를 정복할 것이라고 끊
임없이 경고했다. 천하 정세에 조금이라도 관심이 있는 사람이라면
얼마든지 예상 가능한 일이었다.

굴원은 풍부한 교양과 고상한 인격을 바탕으로 회왕의 신임을 얻어 대신으로 발탁된 인물이었다. 그러나 조정 대신들은 시종일관 강직하기만 한 굴원을 탐탁지 않게 여기며 멀리했다. 특히 진나라에 매수당한 상관대부 근상斯尙은 굴원이 조정에서 영원히 사라지기를 간절히 바랐다.

그러던 중 굴원이 초안한 법안을 근상이 자기 것인 양 속여 공을 세우려다가 굴원에게 들켜 망신을 당하는 사건이 일어났다. 이 일로 근상은 굴원에게 더욱 원한을 품게 되고, 급기야 회왕에게 굴원이 왕의 뜻을 무시한다고 모함하였다. 그로 인해 회왕은 굴원을 점점 멀리하기 시작했다. 회왕은 본래 귀가 얇고 무능하여 근상의 중상모략에 금세 넘어가고 만 것이다.

기원전 299년 진나라 왕이 회담을 핑계 삼아 회왕을 무관武關으로 초청했다. 굴원은 회담에 참여하는 것을 반대했고, 회왕도 가길 꺼려했으나 어린 아들 자란子蘭이 강대국의 심기를 건드려서 좋을 것이 없다며 참석을 강력하게 권했다. 게다가 친진파 근상도 거들었다. 하는 수 없이 회담에 참석했던 회왕은 무관에서 붙잡혀 진나라에 억류된 뒤, 끝내 진나라에서 죽고 말았다.

뒤를 이은 양왕襄王은 회왕보다 더 어리석기 짝이 없는 군주였다. 그는 친진파의 말만 믿고 굴원을 추방해 버렸다. 당시 초나라 조정은 이미 썩을 대로 썩어 바른 인물이라고는 눈을 씻고 보아도 없었다.

추방당한 굴원은 길을 걷다가 멱라수汨羅水에 이르렀다. 굴원은 부패하고 무능한 정부가 원망스러웠고, 자신의 충정이 죄가 되어 돌아왔

멱라수 굴원이 서서히 걸어 들어가 가라앉아 죽은 곳이다.

굴원의 사당 멱라수 강변에 있다.

다는 사실이 분했다. 홀로 강가를 쓸쓸하게 걷고 있는 초췌한 모습의 굴원을 본 어부가 의아하다는 듯 물었다.

"아니, 당신은 삼려대부三閭大夫가 아니시오? 헌데 어찌하여 여기까지 오셨소?"

"세상은 온통 흐린데 나만 홀로 맑고, 모두가 취했는데 나만 깨어 있어서 이렇게 쫓겨난 것이라오.●"

"대개 성인은 어떤 대상이나 사물에 얽매이지 않고 세상과 더불어 밀고 밀리지 않소. 온 세상이 혼탁하다면서 어째서 그 흐름을 따라 물결을 뒤바꾸지 않고, 모든 사람이 다 취했다면서 어째서 술 찌꺼기를 먹고 모주는 마시지 않는 것이오? 대체 무슨 까닭으로 옥과 같은 재능을 지니고도 내쫓기는 신세가 되었단 말입니까?"

"들자 하니 머리를 새롭게 감은 사람은 갓에 앉은 먼지를 털어 내며, 새로 몸을 씻은 사람은 옷에 묻은 티끌을 털어 버린다 했소.●● 깨끗한 모습을 가진 사람이 때 끼고 더러워진 것을 어떻게 받고 견딜 수 있단 말이오? 차라리 장강에 몸을 던져 물고기의 배 속에서 장례를 지낼지언정 어찌 희고 깨끗한 몸으로 세상의 먼지를 뒤집어쓴단 말이오?"

굴원은 말을 마치고는 돌을 끌어안고 멱라수로 걸어 들어가 죽었다.●●● '회사부懷沙賦'라는 시에 굴원의 심경이 담겨 있다.

● 거세혼탁이아독청擧世混濁而我獨淸 중인개취이아독성衆人皆醉而我獨醒
●● 신목자필탄관新沐者必彈冠 신욕자필진의新浴者必塵衣
●●● 회석자침懷石自沈

넓고 넓은 완수와 상수의 물이여

두 갈래로 갈라져 흐르는구나.

저 멀리 이어진 길은

깊고도 어두워 쓸쓸하기 짝이 없고

멀고도 멀어 끝이 없구나.

이렇게 읊조리며 슬퍼하고

길게 한숨지어도

이미 세상에 나를 아는 이 없으니

인간의 마음 더 이상 말할 것이 없네.

충정과 훌륭한 자질을 품었어도

내 마음을 제대로 아는 자 없구나.

말 잘 고르던 백락이 이미 죽었으니

준마가 어디에서 능력을 평가받으리.

인생은 명이 있어

제각기 돌아갈 곳이 있겠지.

마음을 가라앉히고 뜻을 크게 가지니

내, 무엇을 두려워하랴.

늘 속상하여 슬퍼하며

길게 한숨짓고 탄식하네.

세상이 혼탁하여 나를 알지 못하니

내 마음을 말해 무엇하랴?

죽음을 사양할 수 없음을 알기에,

바라노니 나를 위해 슬퍼하지 말라.

세상 군자들에게 분명히 밝히노니,

내 장차 이로써 군자들이 본받을 선례를 남기고자 하노라!

굴원은 죽음의 순간이 가까워졌음을 잘 알고 있었다. 하지만 구차하게 목숨을 탐하지 않고 두려움 없이 죽음에 당당히 맞섰다. 그리고 온갖 회한을 바위에 실어 자신의 몸에 묶고는 서서히 멱라수로 걸어 들어가 다시는 떠오르지 않았다. 굴원은 그렇게 해서 자신이 깨어 있음을 온 세상에 알린 것이다.

진시황

죽음을 두려워한 중국 최초의 황제

기원전 210년 50세의 진시황은 자신이 통일한 제국을 돌아보기 위해 순시에 나섰다. 진시황은 기원전 221년 39세의 한창 나이에 천하를 통일한 후 거의 한 해 걸러 순시에 나섰고, 그때가 다섯 번째였다. 순시에 나선 지 약 8개월째 되던 6월 무렵 평원진平原津(지금의 산동성 평원현 서남 황하 나루터)에서 병이 났다. 매우 심각한 상황이었지만 진시황은 평소 죽음이라는 말을 극도로 싫어했기 때문에 수행 신하들은 감히 죽는 문제를 입 밖으로 꺼내지 못했다.

　스스로 사태의 심각성을 느낀 진시황은 외지에 나가 후계자 수업을 하고 있는 큰아들 부소扶蘇에게 "(수도) 함양으로 돌아와 상을 치르고 안장하라"는 편지(유서)를 써서 봉인한 다음, 황제의 부절^{符節}과 옥새를 관리하는 조고^{趙高}에게 맡겼다.

그로부터 약 한 달 뒤인 7월 진시황은 사구^{沙丘} 평대^{平臺}(지금의 하북성 광종현^{廣宗縣} 서북)에서 숨을 거두었다. 천하를 통일한 지 12년째였고, 13세 때 진나라 왕으로 즉위한 지 38년 만이었다.

승상 이사^{李斯}는 진시황의 갑작스러운 죽음이 혼란을 초래하지 않을까 염려하여 진시황의 죽음을 알리지 않고 비밀에 부쳤다. 그러고는 진시황의 시신을 진시황이 타고 다니던 온량거^{轀輬車}라는 마차에 싣고 진시황이 총애한 환관을 함께 태워 매끼 식사를 올리게 했다. 진시황의 죽음은 승상 이사를 비롯하여 5차 순시에 따라나섰던 작은 아들 호해^{胡亥}와 조고 그리고 총애받던 환관 대여섯 정도만 알고 있는 극비 사항이었다. 진시황의 시신을 실은 마차는 그렇게 수도 함양을 향해 발길을 재촉했다.

때는 7~8월 여름이라 마차 속에서 진시황의 시신이 썩어 냄새가 진동했다. 이사 등은 소금에 절여 말린 고기를 수레에 잔뜩 실어 냄새를 덮었다. 진시황의 시신을 실은 마차는 진시황이 생전에 심혈을 기울여 만들어 놓은 직도^{直道}(진나라의 주요 간선 도로로 지금의 국도와 같은 성격의 도로)를 따라 수도 함양에 도착했고, 마침내 진시황의 죽음이 천하에 알려졌다.

9월, 진시황의 시신은 즉위 후부터 약 37년 동안 공사를 해 온 자신의 무덤인 여산^{驪山}에 안장되었다. 이 무덤 축조를 위해 70만 명 정도의 인원이 동원되었는데, 그때까지도 공사가 마무리되지 못한 상태였다.

　중국 역사상 최초의 통일 제국을 이룩한 '천고일제千古一帝' 진시황은 이처럼 수도 함양에서 수천 리 떨어진 외지에서 급사했고, 그의 시신은 그렇게 생선과 함께 썩어 갔다. 그는 자신의 손으로 통일한 제국을 열정적으로 순시했으며 순시 중에 운명을 달리했다. 평소 죽음이란 단어를 극도로 기피했던 그였지만 죽는 순간 남긴 그의 유언과 유서는 지극히 상식적이었고, 최초의 통일 제국은 순항할 채비를 갖추는 듯했다. 그러나 진시황의 죽음은 제국을 전혀 엉뚱한 방향으로 몰고 갔다. 그가 숨을 거둔 기원전 210년 7월부터 여산에 안장된 9월까지 약 두 달여 사이에 대체 무슨 일이 있었던 것일까?

　진시황이 평원진에서 쓰러졌을 당시의 모습이 사마천의 『사기』「진시황본기秦始皇本紀」에는 이렇게 기록되어 있다.

　　주상은 병이 갈수록 심각해지자 공자 부소에게 '함양으로 돌아와 상을 치르고 안장하라'라는 편지를 써서 봉인한 다음 황제의 부절과 옥새를 관리하는 중거부령 조고가 있는 곳에다 두고는 사자에게 건네지 않았다.

　진시황이 죽음을 감지하고 큰아들 부소에게 남긴 편지는 부소로 하여금 자신의 뒤를 이으라는 조서나 마찬가지였다. 그런데 이 편지를 바로 보내지 않고 조고에게 보관하게 한 것이 화근이었다.

　7월 진시황은 결국 일어나지 못하고 죽고 말았다. 그러자 조고는

수작을 부려 작은아들 호해, 승상
이사를 설득하여 봉인된 진시황
의 편지를 뜯어보고는 조작했다.
이어 태자 부소와 그의 후견인인
몽염에게 가짜 편지를 보내 그들
의 죄목을 열거하며 자결을 명했
다. 물론 후계자는 호해로 결정한
뒤였다. 이렇게 해서 최초의 통일
제국을 이끌 후계자로 호해가 추
대되고 실권은 환관 조고가 쥐게
되었다.

진시황의 초상화

호해는 애당초 통일 제국을 이
끌 자질이 없는 인물이었다. 진시
황도 그 점을 잘 알고 있었기 때문에 태자 부소를 후계자로 인정하는
유서를 남긴 것이다. 하지만 진시황은 유서를 즉시 보내지 않고 조고
에게 맡기는 치명적인 실수를 범했다. 혹시나 자신이 병석에서 일어
날 수 있을지 모른다는 일말의 기대 때문에 편지를 바로 보내지 않았
던 것은 아닐까? 평소 죽음이란 단어조차 꺼내지 못하게 할 만큼 삶
에 집착했던 그였기에 이런 추정은 충분히 설득력이 있다.

그런데 더 큰 문제는 진시황이 미리 후계자를 결정하지 못했다는
데 있다. 모든 권력이 한 사람에게 집중된 전제 제왕 구조를 창안한
사람이 바로 진시황이었다. 그리고 그 통치자에게 변고가 생겼을 경

사구 평대 진시황이 갑자기 쓰러져 숨을 거둔 사구 평대의 오늘날 모습이다. 그의 죽음만큼이나 허망한 풍경이다.

우 상황이 어떨 것이라는 정도는 충분히 예상했을 것이다. 하지만 그는 자신이 없는 통일 제국을 받아들이고 싶지 않았다. 그래서 자신의 죽음을 가정한 후계자 논의 자체를 꺼내지 못하게 했던 것이다.

진시황은 40세가 넘으면서 건강에 이상이 발생했고 스스로도 이를 잘 알았다. 그래서 불로장생과 연단술에 집착했다. 일 중독자였던 진시황이 자신의 몸에 신경을 쓰는 것이야 당연했다. 하지만 그와 동시에 자신의 사후를 대비했어야 했지만 그러지 못한 것은 누가 뭐래도 진시황의 책임이다.

삶에 대한 과도한 집착은 죽음을 받아들이지 못하게 한다. 우리는 사는 것에 투자하는 것에 비해 죽음을 준비하는 것에는 매우 인색하다. 자신의 지난 삶을 성찰하고 겸허하게 사후를 준비하는 것은 자신뿐만 아니라 남은 사람들의 부담을 줄이는 현명한 일이다. 많은 권한과 책임이 주어진 자리에 있는 리더라면 더더욱 그렇다. 그런 점에서 준비 없는 진시황의 죽음이 사후 불과 15년 만에 통일 제국을 무너뜨리는 가장 큰 원인이 되었다는 사실은 많은 생각을 하게 한다.

형가

전국 시대 말기 진시황(당시는 진왕)을 암살하려 했던 자객 형가는 암살에 실패하고 진시황의 검에 다리를 베여 바닥에 주저앉고 말았다. 그런 뒤에도 여덟 군데를 베인 뒤 야릇한 미소를 지으며 형가는 이렇게 말했다.

"일을 성공시키지 못한 것은 진왕을 산 채로 위협하여 빼앗아 간 연나라 땅을 되돌려 주겠다는 약속을 받고 나서 태자에게 알리려 했기 때문이다."

형가의 말대로라면 그는 진시황을 죽일 수 있었지만 그럴 경우 진나라에 빼앗긴 연나라 땅을 돌려받지 못할 수도 있기 때문에 진시황을 잡아 위협하려다 실패했다는 것이다. 다소 비겁한 변명처럼 들리지만 형가가 진시황을 암살하기 위해 역수易水를 건너기까지 과정을 살펴보면 형가의 고민이 무엇이었는지 짐작할 수 있다.

형가는 진시황에게 극도의 증오심을 품고 있던 연나라 태자 단丹의 사주를 받아 진시황을 암살하는 일을 맡았다. 단은 형가를 극진하게 대접했고 연나라의 우국지사는 자신의 목숨까지 내놓으며 형가의 거사를 거들었다. 그러나 단이 성급하게 서두르며 자신을 재촉하자 형가는 주저했다. 그래서 축筑을 연주하는 고점리高漸離란 친구와 매일같이 술에 빠져 지냈다.

초조한 단은 형가를 더욱 압박했고 형가는 하는 수 없이 길을 떠났다. 형가가 연나라와 진나라의 경계인 역수를 건널 때 단과 고점리를 비롯한 모든 사람들이 소복을 입고 나와 눈물로 형가를 배웅했다. 형가는 고점리의 연주에 맞추어 노래를 불렀다. 이것이 유명한 '역수가易水歌(역수비가易水悲歌)'이다.

풍소소혜역수한風蕭蕭兮易水寒
장사일거혜불부환壯士一去兮不復還

바람 소리 쓸쓸하고 역수는 차구나!
대장부 한 번 가면 다시 오지 못하리!

형가는 연나라 땅인 독항督亢 지역의 지도와 진나라가 수배령을 내

형가가 건넜던 역수의 오늘날 모습

린 번오기樊於期의 머리를 예물로 들고 역수를 건너 진나라로 넘어갔다. 진시황을 접견한 형가는 번오기의 머리를 바치고 이어 독항 땅의 지도를 진시황에게 펼쳐 보였다. 두루마리로 된 지도가 다 펼쳐지는 순간, 숨겨 둔 비수가 드러났고 형가는 비수를 빼어 들고 진시황을 찔렀다. 그러나 비수는 빗나가고 두 사람은 한참을 칼을 휘두르며 싸웠다. 결국 형가는 진시황의 검을 맞고 쓰러진 다음 처참하게 살해당했다. 사마천은 당시의 긴박한 상황을 소설의 한 장면처럼 묘사했다.

진왕이 지도를 다 펼치려는 순간 비수가 눈에 들어왔다. 순간 형가가 왼손으로 진왕의 옷소매를 부여잡고 오른손으로 진왕을 찔렀으나 비수가 몸에 닿지 못했다. 진왕이 놀라 몸을 뒤로 빼고 일어서자

소매가 떨어져 나갔다. 칼을 빼려 했으나 길이가 너무 길어 뺄 수 없었다. 엉겁결에 칼집을 잡았으나 너무 급한 나머지 칼집도 빠지지 않았다. 형가가 진왕을 쫓으니 진왕은 기둥을 돌며 도망갔다. 신하들은 갑작스럽게 일어난 일에 어쩔 줄 몰라 했다.

(중략)

사태가 급박해지자 신하들은 맨손으로 형가를 쳤다. 이때 시의 하무저라는 자가 가지고 있던 약주머니를 형가에게 던졌다. 진왕은 여전히 기둥 사이를 돌면서 도망칠 뿐 당황해서 어찌할 바를 몰랐다. 이에 좌우 신하들이 "칼을 등 뒤로 돌리신 다음 뽑으십시오!"라고 고함을 질렀다. 진왕이 칼을 등 뒤로 돌려 뽑아서는 형가의 왼쪽 다리를 베었다. 형가가 쓰러졌다. 쓰러진 형가는 비수를 진왕에게 던졌으나 구리 기둥에 맞았다. 진왕이 다시 형가를 베어서 여덟 군데에 상처를 입혔다. 일이 틀렸음을 안 형가는 기둥에 기대어 야릇한 미소를 흘리며 두 다리를 앞으로 내밀고 주저앉아 욕을 했다. "일을 성공시키지 못한 것은 진왕을 산 채로 위협하여 빼앗아 간 연나라 땅을 되돌려 주겠다는 약속을 받고 나서 태자에게 보고하려 했기 때문이다." 그 사이 좌우에서 나서 형가를 죽였다.

형가는 자신의 힘으로 대세를 거스를 수 없다는 것도, 자신의 죽음도 잘 알고 있었다. 하지만 그 길이 자신의 길이냐는 것에 대해서는 확신하지 못하고 망설였다. 태자 단의 조급함과 경박함도 한몫 거들었다. 하지만 당시의 형세는 형가로 하여금 이러지도 저러지도 못하게 했다. 형가는 고민했다.

대세를 거스를 수 없을 때, 하지만 대세를 그냥 앉아서 기다리기에는 자신이 너무 무기력하고 또 그런 상황을 견딜 수 없는 때에 형가는 다소 무모한 낭만을 선택했다. 그리고 결단을 내려야 할 마지막 순간에 잠시 망설였던 그 심정이 죽기 전 그가 남긴 마지막 말에 스며 있었다. 그는 진시황을 죽이는 것이 능사가 아님을 알았고, 그를 죽인다고 천하 통일이라는 대세가 달라지지 않을 것이라는 것을

형가의 석상   역수 근처에 세워져 있으며 뒤로 보이는 것이 형가의 탑이다.

알았다. 돌아오지 못할 길이라는 것을 알면서도 역수를 건너는 형가, 그것은 대세의 끝자락에 매달려 힘없이 나부끼는 한 시대의 낭만을 대변하는 만가挽歌였다. 모든 사람이 소복을 입고 나와 그를 보낸 것도 이 때문이었을 것이다.

몽염

지맥을 끊은 죄, 죽어 마땅하다

전국 시대 말기 진^秦나라가 천하를 통일하는 데 가장 큰 공을 세운 명장으로 몽염이 있다. 몽염의 집안은 원래 진나라 출신이 아니었다. 그는 오늘날 산동성 동쪽에 위치한 제^齊나라가 본적인 무장 집안의 후손이었다. 그의 집안은 할아버지인 몽오^{蒙驁} 때부터 진나라 소왕^{昭王}을 섬기면서 눈부신 전공을 세운 명문 가문이었다. 할아버지는 장양왕^{莊襄王} 때 주변국들을 공략하여 무려 수십 개 성을 탈취하는 전과를 올렸다. 아버지 몽무^{蒙武} 역시 비장군^{裨將軍}을 지내면서 명장 왕전^{王翦}과 함께 초나라를 멸망시키는 데 큰 공을 세웠다.

몽염은 3대에 걸친 집안의 명성과 후광 덕분에 천하가 통일된 기원전 221년 장군이 되었다. 통일 후에는 30만 대군을 이끌고 북으로 가서 흉노를 물리쳐 하남 땅을 수복했다. 그 뒤 서쪽 룽서^{隴西} 임조^{臨洮} (감숙성 민현)에서 동쪽 요동^{遼東}(요녕성 경내)에 이르는 장성을 세움으로써 원래 연·조·진이 각각 쌓았던 장성을 하나로 연결하는 거대한 방어선을 완성했다. 몽염은 또 진시황의 천하 순시를 위해 전체 거리 1,800리에 이르는 직도를 뚫었으나 완성시키지는 못했다.

몽염의 동생 몽의^{蒙毅} 역시 진시황으로부터 몽염 못지않게 총애를 받았다. 몽염이 주로 바깥일을 담당했다면 몽의는 안에서 진시황을 위해 여러 정책을 제시했다. 이들 형제는 당시 '충신'의 대명사로 조정 안팎의 부러움을 한 몸에 받았다. 장수건 재상이건 감히 이들과 맞서려는 사람은 없었다.

거칠 것 없이 출세 가도를 달리던 이들 형제의 운명은 기원전 210년 진시황이 갑자기 죽으면서 전혀 다른 방향으로 흘러가기 시작했다. 5차 천하 순시에 나섰던 진시황은 7월 사구에서 쓰러져 일어나지 못했다. 진시황을 수행했던 환관 조고와 승상 이사 그리고 진시황의 작은아들 호해는 황제의 죽음을 비밀에 부친 채 큰아들 부소에게 황위를 물려주라는 진시황의 유서를 조작했다. 그러고는 호해가 황제의 자리에 오르고, 맏아들 부소와 몽염에게 죄를 씌워 자살하라는 조서를 내렸다.

부소는 아버지의 명을 거역할 수 없다며 자살을 택했지만 몽염은 의구심을 품고 재심을 요청했다. 하지만 받아들여지지 않은 채 옥에 갇히고 말았다. 조고는 예전에 몽의가 자신의 죄를 법대로 다스려 죽

몽염의 자결 장면을 그린 기록화 섬서성 서안시 2세 호해 무덤 안 박물관에 있다. 몽염은 독약을 먹고 자결한 것으로 알려져 있으나 그림이나 조형물에서는 조금씩 다르게 묘사되고 있다.

이러 한 일에 깊은 원한을 품고 있었다. 이 때문에 조고는 호해를 2세 황제로 세운 뒤 끝없이 몽씨 형제를 모함했다. 특히 이전에 호해를 태자로 세우는 것에 몽씨 형제가 반대한 사실을 크게 부각시켜 호해의 심기를 자극했다.

승상 이사는 명성 높은 몽염이 있는 한 자신은 늘 2인자 신세를 면치 못할 것이라는 자괴감과 몽씨 형제에 대한 질투 때문에 조고의 편을 들었다. 그때 부소의 장남 자영子嬰이 나서서 역사상 인재들을 잘못 죽였다가 나라가 망한 사례를 들며 호해를 설득하려 했으나 소용없었다.

조고는 외지에 나갔다 돌아오는 몽의를 즉각 잡아들여 죽이려 했다. 몽의 또한 충신들을 잘못 죽였다가 크게 낭패를 본 역사를 예로 들며 호소했지만 조고에게 완전히 넘어간 호해의 마음을 돌릴 수는 없었다.

호해는 몽의가 죽자 바로 몽염에게 압박을 가했다. 몽염은 이는 틀림없이 간신의 농간임이 분명하다고 지적하는 한편, 3대째 나라에 충성해 온 집안의 내력을 내세우며 억울함을 호소했다. 하지만 그의 호소는 2세 황제에게 전달조차 되지 않았다. 몽염은 하늘을 우러러 "내가 하늘에 무슨 죄를 지었기에 잘못도 없이 죽어야 한단 말인가" 라고 한탄하며 독약을 먹고 자결했다.

이처럼 천하 통일의 주역 몽염은 조고 일당의 모함으로 억울하게 죽었다. 그는 막강한 권력을 갖고 있었지만 자신의 주군 부소를 지키지 못하고 자신의 목숨 또한 지키지 못했다. 억울하다는 말만 남긴 채 목숨을 끊은 몽염은 죽기 직전 이런 말을 남겼다.

"나의 죄는 참으로 죽어 마땅하다. 임조에서 공사를 벌여 요동에 이르기까지 장성을 만여 리나 쌓았으니, 그러는 동안 지맥을 끊어 놓지 않을 수 있었겠는가! 이것이 바로 나의 죄이다."

장성을 연결하는 엄청난 공사로 지맥을 끊은 것이 큰 죄라는 말이다. 몽염은 어처구니없는 논리를 내세우며 자신이 죽어 마땅하다고 한 것이다. 몽염의 유언에 대해 사마천은 이렇게 지적했다.

"나는 북쪽 변경에 갔다가 직도를 통해서 돌아왔는데, 길을 가면서 몽염이 진나라를 위해서 쌓은 장성의 요새를 보니, 산을 깎아 내고 골짜기를 메워 직도로 통하게 되어 있었다. 이는 정말이지 백성의 노

몽염의 무덤　방치되다시피한 명장 몽염의 무덤으로 섬서성 북쪽 수덕에 있다. 앞쪽에 얇은 비석과 표지석이 늘어서 있다.

고를 가볍게 여긴 것이다. 진나라가 제후국들을 멸망시킨 초기에는 천하의 민심이 안정되지 못했고, 피해를 입은 백성들도 아직 치유되지 않았다. 그런데도 몽염은 명장으로서 바로 간언해 백성의 궁핍을 구제하고 노인과 고아를 부양하여 모든 백성들에게 안정시키려 애쓰지 않고 오히려 시황제의 야심에 동조해 공사를 일으켰으니, 그들 형제가 죽임을 당한 것 또한 마땅하지 않은가? 어찌 지맥을 끊은 것으로 죄를 돌리려 하는가?"

몽염은 당시 충분히 높은 자리에 있으면서 백성을 살펴 무리한 공사를 중지시키기는커녕 앞장서서 동조했다. 그랬으면서 죽기 전 지맥 운운하는 것은 비겁하다는 의미이다.

몽염은 비겁한 구실을 대며 자신의 죽음을 합리화하려 했다. 하지만 스스로는 자신이 한 일을 알고 있을 것이다. 죽음을 앞두고 많은 사람들이 유언을 남기는데, 마지막 순간에 남기는 말은 적어도 자신의 삶을 솔직하게 성찰한 유언이어야 하지 않을까?

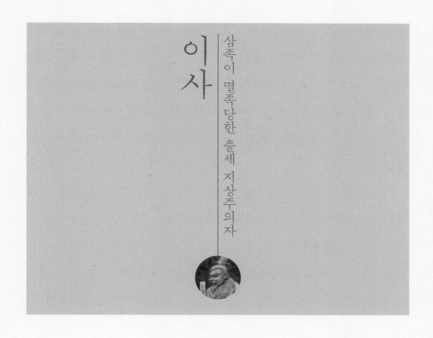

이사 | 삼족이 멸족당한 출세 지상주의자

중국 역사에서 이사는 이름이 널리 알려진 인물이다. 그는 빈털털이 지식인이었으나 진시황을 도와 최초의 통일 제국을 이룩하고 끝내 '일인지하一人之下 만인지상萬人之上'의 재상이 된, 말 그대로 인간 승리의 표본이었다. 그는 또 자신의 손으로 일군 통일 제국을 자신의 손으로 망쳐 버린 역사의 죄인이기도 하다. 그는 통일 제국의 문물과 제도를 자신의 손으로 구석구석 정비한 제국의 뛰어난 설계자였으나 결국은 저잣거리에서 허리가 잘리는 형벌을 받고 처참한 죽음을 맞이하였다.

이사는 평민 출신의 별 볼 일 없었던 지식인이었으나 중국 역사상 최초의 통일 제국의 재상이 되었다. 휴가 나온 자식을 위한 잔치에 수천 개에 이르는 수레와 말이 몰릴 정도로 부귀영화를 누렸던 화려한 삶을 살았으나 삼족이 멸족당하는 처절한 최후를 맞은 이사의 인생은 말 그대로 한 편의 드라마였다. 이 때문에 이사의 영욕과 부침은 2천 년 넘게 수많은 사람들의 입에 오르내리며 이런저런 평가를 낳았다.

이사는 젊은 날 군의 말단 관리로 있다가 변소에 사는 쥐와 곳간에 사는 쥐의 서로 다른 행태를 보고 깨달은 바가 있어 순자荀子를 스승으로 모셔 제왕의 통치술을 배웠다. 학업을 마친 후 진나라의 재상 여불위呂不韋의 가신으로 있다가 진시황에게 통일 방안에 대해 유세하여 외국 출신으로서 군주의 자문 역할을 담당하는 객경의 대우를 받았다.

그러던 중 정나라 첩자 정국鄭國 사건 때문에 외국 출신들을 모두 내쫓으라는 '축객령逐客令'이 떨어지자 이사는 진나라 역사상 외국 출신의 인재들이 얼마나 중요한 역할을 했으며, 또 이들의 힘을 빌리지 않고서는 통일을 이룰 수 없다는 논지의 '간축객서'를 올려 진시황의 마음을 사로잡았다. 이 글에서 이사는 '태산은 한줌의 흙도 마다하지 않았기에 그렇게 높은 것이고, 강과 바다는 자잘한 물줄기를 가리지 않았기에 그렇게 깊은 것입니다*'라는 명언을 남기기도 했다.

통일 제국의 첫 재상이 된 이후 이사는 통일 제국의 문물과 제도

---

* 태산불양토양泰山不讓土壤 하해불택세류河海不擇細流

를 정비하고 확립하는 데 결정
적인 역할을 하며 막강한 권력
과 부귀영화를 누렸다. 황제 권
력을 정점으로 하는 중앙 집권
체제와 이를 뒷받침하는 군현
제라는 지방 행정 제도의 확립,
문자 통일, '분서갱유焚書坑儒'로
대변되는 이데올로기 확립, 진
시황의 전국 순시 등 제국의 크
고 작은 일들이 대부분 이사의
머리에서 나와 그의 손을 거쳐
결정되었다.

출세 지상주의자 이사의 모습

　기원전 210년 지방 순시에
나섰던 진시황이 사구에서 병
으로 쓰러져 일어나지 못했다.
환관 조고는 진시황의 유언을 조작하여 큰아들 부소 대신 작은아들
호해를 황제에 앉히려는 음모를 꾸몄고, 이사도 조고의 회유에 넘어
가 정변의 주동자가 되었다. 태자 부소와 군부의 실력자 몽염 장군을
비롯하여 부소의 측근들이 모두 이사와 조고에 의해 제거되었다. 어
리석은 호해는 조고와 이사의 꼭두각시가 되어 폭정을 일삼았다.
　진시황이 죽자 전국 각지에서 폭정에 저항하는 봉기가 일어났고,
이 와중에 조고는 호해를 철저하게 조종하며 이사를 권력의 중심에

서 밀어내기 시작했다. 이사는 글을 올려 조고의 악행을 고발했으나 오히려 조고의 모함에 걸려들어 옥에 갇혔다가 결국 모반죄로 허리가 잘리는 형벌을 받고 죽었다.

이사는 평생 양지만 찾아다닌 지식인이었다. 그것은 말단 관리를 할 때 얻은 깨달음 때문이었다. 이사가 하루는 변소에 사는 쥐와 곳간에 사는 쥐가 사람이나 동물을 보고 대조적인 반응을 보이는 것을 우연히 보게 되었다. 변소의 쥐는 사람이나 개가 접근하면 깜짝깜짝 놀라고 두려워하는 반면, 곳간에 사는 쥐는 사람이나 동물을 전혀 겁내지 않았다. 이에 이사는 "사람의 잘나고 못난 것도 쥐와 같으니, 어떤 환경에 처했느냐에 달렸을 뿐이다"라고 탄식했다. 이를 계기로 이사는 입신출세에 강렬한 욕망을 갖게 되었다.

이사의 변절과 변질은 이미 예견되어 있었다. 이사가 스승 순자의 문하를 떠나면서 남긴 말은 출세욕에 찌들대로 찌든 그의 정신세계를 대변하고 있다.

"비천함보다 더 큰 부끄러움은 없으며, 빈궁함보다 더 깊은 슬픔은 없습니다. 오랫동안 비천한 지위와 고달픈 처지에 놓여 있으면서 세상의 부귀를 비난하고 영리를 증오하며 자기 힘으로 실행하지 않는 것에 의지하려는 것이 선비의 마음은 아닐 것입니다."

이사에게는 비천함과 빈궁함이 인생의 가장 큰 치욕이었다. 따라서 그러한 처지에서 벗어나 부귀영화를 누리는 것만이 가장 값진 삶이었다. 그는 변화무쌍한 인간의 삶을 얼마든지 성찰할 수 있는 지적 기반과 경험이 있었다. 자신의 미래도 정확하게 예견하고 있었으며

이사의 무덤 이사의 고향인 하남성 상채현에 있다.

부귀영화의 끝이 어디인지도 잘 알고 있었다. 또 개를 데리고 토끼 사냥을 하던 때가 행복한 시절이었다는 것도 느끼고 있었다. 그럼에도 불구하고 그는 평생 비천함과 곤궁함이 주는 물질적 생활의 불편함과 부귀영화를 잃거나 버리고 난 다음의 박탈감을 견디지 못했다.

　이사는 변소에 살면서 여기저기 눈치나 보는 그런 쥐에서 곳간의 쥐로 변신하는 데는 성공했을지는 모르지만 결국은 쥐새끼를 벗어나지 못했던 것이다. 어쩌면 변소에 살면서 곡식을 먹는 그런 쥐였는지도 모른다. 보다 숭고한 가치관은 뒷전으로 한 채, 인간의 잘나고 못남을 그가 처한 상황(물질 환경)으로만 재려 한 저급한 인생관에 사로잡혀 오로지 사사로운 부귀와 영화만을 위해 평생을 눈치 보며 살았던 서글픈 지식인 이사의 모습에서 오늘날 일그러질 대로 일그러진 우리 지식인들의 모습이 겹쳐 보인다. 동시에 이사의 삐뚤어진 자기 성찰이 한 개인은 물론 나라까지 망쳤다는 엄연한 사실에 등골이 서늘해진다.

지금 우리 지도층 중에는 이사와 같은 인간 유형이 많은 듯하다. 그리고 세상은 이들의 일그러진 행태에 너무도 너그럽다. 역사는 이사를 심판했지만 지금 우리 주변의 또 다른 이사들은 그 평가마저도 피해 갈 태세이다. 어쩌면 우리 모두가 이사를 닮아 가고 있는지도 모른다.

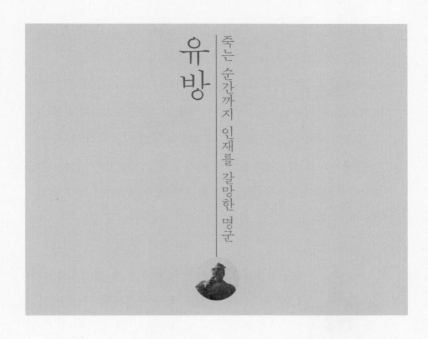

유방

죽는 순간까지 인재를 갈망한 명군

기원전 196년 한나라를 건국한 고조^{高祖} 유방은 전국에 '하주군구현조^{下州郡求賢詔}'라는 조서를 내려보냈다. 이 조서는 중국 역사상 군주가 인재를 구한다는 최초의 조서로 평가받는다. 물론 전국 시대 진나라 효공^{孝公}의 구현령^{求賢令}이나 연나라 소왕^{昭王}의 구현조^{求賢詔} 같은 인재를 구하는 공개적인 공고가 없었던 것은 아니지만 통일 왕조에서 전국적인 규모로는 처음이었다. 조서의 내용을 살펴보자.

무릇 왕들 중에는 주나라 문왕^{文王}을 따를 사람이 없고, 제후로는 제나라 환공^{桓公}을 뛰어넘을 사람이 없다고 한다. 이들은 모두 유능한 인재를 기용함으로써 이름을 남겼다. 그리고 현명하고 뛰어난 인재가 옛날 사람에게만 한정되리오? 주인이 인재를 맞아들이지 않으려 한다면 인재가 어떻게 나오겠는가? 지금 짐은 하늘의 뜻을 받들어 천하를 통일하였으니 이룩한 대업을 대대손손 잇기 위해 후손들은 종묘를 세워 제사를 받들기 바란다. 유능한 인재가 내게 와서 나와 함께 천하를 평정했거늘 어찌 나와 함께 천하를 안정시키지 않을 것이냐? 현명하고 유능한 인재로서 나와 함께 하겠다면 누가 되었건 짐은 그를 존중하겠노라. 이에 천하 짐의 뜻을 알리노라.

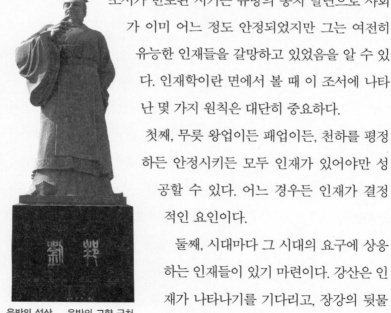

유방의 석상　유방의 고향 근처인 중앙리 광장에 세워져 있다.

조서가 반포된 시기는 유방의 통치 말년으로 사회가 이미 어느 정도 안정되었지만 그는 여전히 유능한 인재들을 갈망하고 있었음을 알 수 있다. 인재학이란 면에서 볼 때 이 조서에 나타난 몇 가지 원칙은 대단히 중요하다.

첫째, 무릇 왕업이든 패업이든, 천하를 평정하든 안정시키든 모두 인재가 있어야만 성공할 수 있다. 어느 경우든 인재가 결정적인 요인이다.

둘째, 시대마다 그 시대의 요구에 상응하는 인재들이 있기 마련이다. 강산은 인재가 나타나기를 기다리고, 장강의 뒷물이 앞물을 밀어내는 법이다. 뒷사람이 앞

사람만 못하다는 법은 없다. 유방이 '현명하고 뛰어난 인재가 옛날 사람에게만 한정되리오?'라고 한 것이 바로 그 뜻이다.

셋째, 인재를 기용하여 그 재능을 발휘하게 하는 데 있어서 관건은 인재를 등용하는 자에게 있다. 그렇지 않으면 아무리 뛰어난 인재라도 어찌 나올 수 있겠는가?

넷째, 인재의 선발은 반드시 제도화되어야 한다.

조서가 반포된 이듬해인 기원전 195년 한 고조는 영포^{英布}의 반란을 평정하고 돌아오는 길에 고향 패현^{沛縣}을 지나게 되었다. 고향 사람들은 술자리를 마련하여 자기 고장 출신의 황제와 자리를 함께했다. 그 자리에서 고조는 감개무량한 마음에 호방하지만 의미심장한 '대풍가^{大風歌}'라는 노래를 불렀다.

> 대풍기혜운비양^{大風起兮雲飛揚}
> 위가해내혜귀고향^{威加海內兮歸故鄉}
> 안득맹사혜수사방^{安得猛士兮守四方}

> 큰 바람이 몰아치니 구름이 날아오르고
> 위엄을 천하에 떨치며 고향에 돌아왔구나.
> 어찌하면 용맹한 인재를 얻어 천하를 지킬까?

유방은 거나하게 취했다. 그러나 그의 마음에는 자신이 공명을 이룩하여 이름을 날리고, 나아가 한나라 왕조를 오래도록 안정시키려

유방과 공신인 소하와 한신의 석상 왼쪽이 소하이고 가운
데가 유방, 오른쪽이 한신이다.

대풍가비 유방이 부른 '대풍가'를 새
긴 비석이다.

면 책임이 무겁고 아직 갈 길이 멀기 때문에 용맹한 인재를 얻어 함
께 애쓰지 않으면 안 된다는 생각으로 꽉 차 있었다. '대풍가'를 부르
며 인재를 갈망하던 유방은 그해 천하 안정의 중임을 소하와 주발 등
공신들에게 잘 안배한 다음 62세의 나이로 세상을 떠났다.

예전에 영포의 반란을 진압하면서 유방은 화살에 맞아 부상을 입
었는데 그때 부상이 도져 몸져눕게 되었다. 반평생을 전장에서 보낸
그였지만 한 번의 부상으로 다른 병까지 얻어 병세는 더욱 악화되었
다. 의원이 나을 수 있다고 했으나 유방은 치료를 거부했다.

"내가 보잘 것 없는 신분으로 석 자 검을 들고 천하를 얻었으니 이 어찌 천명이 아니겠는가? 인명은 재천이라, 편작인들 무슨 도움이 되겠는가!"

잠시 뒤 황후인 여치^{呂雉}가 그에게 물었다.

"폐하가 돌아가시고 승상 소하가 죽으면 누구에게 뒤를 잇게 합니까?"

그러자 유방 대답했다.

"조참^{曹參}이 좋을 것 같소."

여태후가 다시 뒷일을 묻자 유방이 말했다.

"왕릉^{王陵}이면 되겠지만 왕릉은 다소 고지식하니 진평^{陳平}이 그를 도우면 될 것이오. 진평은 지혜가 넘치지만 혼자 맡기는 어려울 것이오. 주발^{周勃}은 중후하고 꾸밈이 없소."

이후 유방이 죽자 여태후는 이들을 차례로 기용했다. 한나라 초기 정치는 유방 때와 변함없이 백성들이 편하게 생업에 종사할 수 있도록 유지되어 한나라 왕조의 통치 기반은 보다 튼튼해졌다.

당나라 때 시인 장계^{張繼}는 "분서갱유의 잿더미가 아직 식지 않았는데 산동에서 반란이 터지니, 유방이나 항우나 원래 공부하지 않은 자들이었다네"라고 했다. 이는 인재를 등용하는 사람이 굳이 많은 지식이 있을 필요가 없다는 뜻이기도 하다. 많이 배우지 않았더라도 지식인을 제대로 기용하여 그 재능을 활용할 줄 아는 사람이 진정한 리더라 할 것이다. 고조 유방은 그런 면에서 어떤 리더보다 뛰어났다.

다시 유방의 마지막 순간으로 돌아가 보면, 당시 여태후는 남편 유

유방과 아내 여태후

방에게 주발의 뒤를 이을 사람도 물었다. 그러자 유방은 이렇게 잘라 말했다.

"그다음은 당신이 알 바 아니오!"

그쯤이면 당신도 죽고 없을 터인데 뭐가 궁금하냐는 핀잔이었다.

유방은 초한쟁패라는 격동기를 온몸으로 헤쳐 나간 풍운아였다. 지고무상한 황제 자리에 올랐지만 그는 창업과 수성의 이치를 인식하고 끊임없이 인재를 갈망했다. 유방은 자신의 마지막을 직감하고 치료를 거부하고, 죽는 순간까지도 나라를 안정시킬 인재들의 장단점을 지적하면서 뒷일을 걱정했다. 역사가 그를 명군으로 평가하는 데는 그만한 이유가 있는 법이다.

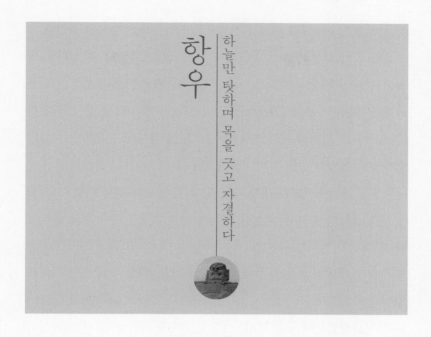

항우

하늘만 탓하며 목을 긋고 자결하다

역발산기개세^{力拔山氣蓋世}로 대변되는 천하장사 항우는 강남으로 순시를 나온 진시황의 행차를 보고는 "저놈의 자리를 내가 차지하고 말 테다"라며 초나라를 처참하게 멸망시킨 진나라와 진시황에 대해 강한 적개심을 드러냈다. 그러면서 황제 자리에 강렬한 집착을 보였다. 당시 항우 나이 약관^{弱冠}의 스무 살 무렵이었다.

항우는 24세 때 패기만만한 모습으로 숙부를 따라 천하쟁패의 격전장으로 뛰어들었다. 그는 과감한 결단력과 용맹함으로 천하를 자기 발밑에 무릎 꿇게 했다. 그중 거록^{鉅鹿} 전투가 절정으로, 이 전투는 훗날 '파부침주^{破釜沈舟}'라는 고사성어를 탄생시키기도 했다. 이 말은 살아 돌아오기를 바라지 않고 결사적으로 싸우겠다는 각오를 뜻한다.

 그러나 이 절정의 순간이 몰락의 시작이었다. 항우는 자신의 라이벌이자 24년 연상의 띠동갑(뱀띠) 유방劉邦을 제거할 여러 번의 기회를 놓쳤다. 특히 홍문연鴻門宴에서는 얼마든지 유방을 죽일 수 있었지만 끝내 결단을 내리지 못하고 놓아주었다. 이 때문에 항우의 참모였던 범증范增은 유방의 승리를 예견하며 항우 곁을 떠났다.

 항우는 싸움에서는 상대를 찾을 수 없을 정도로 천하무적이었지만 정치적 결단이 필요한 결정적 순간에는 늘 머뭇거리다 뒤로 물러났다. 무엇보다 항우는 유방을 자기 적수가 아니라며 깔보았다. 그러다 결국 역전패했지만 마지막 순간까지도 그는 자신의 실수와 실책을 인정하지 않았다.

 항우는 해하垓下에서 유방의 군대에 쫓기게 되었다. 장량張良은 사면초가四面楚歌의 전술로 항우를 압박했고, 한신은 십면매복十面埋伏으로 항우를 오갈 데 없이 만들었다. 항우는 사랑하는 연인 우희虞姬와 이별주를 나누며 이런 노래를 불렀다.

 역발산기개세力拔山氣蓋世

 시불리혜추불서時不利兮騅不逝

 추불서혜가내하騅不逝兮可奈何

 우혜우혜내약하虞兮虞兮奈若何

 힘은 산을 뽑고 기개는 세상을 덮고도 남건만

패왕별희 조형물　항우의 실패 원인으로 그의 감성적인 성격을 지적하기도 한다. 이 조형물은 해하
전투 지역에 세워져 있다.

때가 불리하고 추 또한 달리려 하지 않는구나!

추가 달리려 하지 않으니 어찌할까나

우여, 우여! 그대는 또 어찌할까나!

이것이 유명한 패왕별희霸王別姬의 한 장면이고 항우가 부른 노래는 '해하가垓下歌'라고 한다. 항우는 눈물을 흘렸고 모두가 따라 울었다. 이후 항우는 말에 올라 도망쳤는데 800명이 그를 따랐다. 유방의 장수 관영이 이끄는 5천 명의 군대가 곧 뒤를 쫓아왔고, 회수를 건널 무렵 항우의 기병은 100여 기만 남았다. 동성에 이를 무렵 28기만 남자, 항우는 가망이 없음을 직감하고 기병들에게 이렇게 말했다.

"내가 병사를 일으키고 지금까지 8년이다. 몸소 70여 차례 전투를 치렀다. 맞선 자는 격파하고 공격한 자는 굴복시키면서 패배를 몰랐기에 마침내 천하를 제패하였다. 그러나 지금 갑자기 이곳에서 곤경에 처하였으니, 이는 하늘이 나를 망하게 하려는 것이지, 내가 싸움을 잘못한 죄가 아니다. …… 그대들에게 하늘이 나를 망하게 하려는 것이지 싸움을 못한 죄가 아니라는 것을 알게 하겠노라."

그러고는 목을 그어 자결했다. 항우는 죽는 순간까지도 진나라만 없애면 되리라 여겼기 때문에 싸움만 잘하면 되는 줄 알았다. 집착은 어느 정도 사람을 강하게 만든다. 하지만 집착이 지속되면 현상을 직시하지 못한다. 그러면 판단력이 흐려지고 나아가 문제 해결 방법도 찾아내지 못한다. 특히 자신의 잘못을 인지하지 못하게 된다. 이것이 항우가 실패한 결정적 원인들 중 하나이다.

사마천은 항우가 자신의 패배를 인정하지 않고 하늘을 탓하며 죽은 것을 두고 "(항우는) 자신의 전공을 자랑하고 사사로운 지혜만 앞세워 옛것을 배우지 못하였다. 패왕의 대업이라며 힘으로 천하를 정복하고 경영하려 하니 5년 만에 나라를 망치고 몸은 동성에서 죽으

항왕고리의 관광지 입구 항우의 고향인 강소성 숙천에 새로 조성되었다.

항우의 무덤 안휘성 화현에 있다.

면서도 여전히 깨닫지 못하고 자신을 책망할 줄 몰랐으니 이것이 잘못된 것이다. 그런데도 '하늘이 나를 망하게 하려는 것이지 내가 싸움을 잘못한 죄가 아니다'라며 핑계를 대었으니, 어찌 황당하지 않겠는가?"라고 비꼬았다.

공자는 새가 죽을 때는 그 울음이 슬프고, 사람이 죽을 때는 그 말이 선하다고 했다. 선하다는 말에는 모르긴 해도 '솔직'이란 뜻이 포함되어 있지 않을까? 항우의 마지막 말이 악하다고 할 수는 없겠지만 어쨌거나 실패의 원인을 잘못 짚었고 그것을 사마천은 황당하다고 보았던 것이다.

호해

'지록위마指鹿爲馬'는 2천 년 넘게 회자되어 온 유명한 고사성어이지만 고사의 전체 줄거리와 의미를 제대로 아는 사람은 많지 않은 듯하다. 이 고사성어는 조고의 정변으로 얼떨결에 황제 자리에 오른 진시황의 작은아들 호해와 밀접한 관련이 있다.

호해는 어려서부터 중거부령 벼슬에 있던 조고에게 형법을 배웠다. 기원전 210년에 진시황이 병으로 갑자기 세상을 떠나자 호해는 조고와 승상 이사의 지지를 등에 업고 태자가 되어 황제 자리에 올라 2세 황제가 되었다.

즉위 후 호해는 자식이 없는 진시황의 후궁들은 모두 진시황을 따라 죽게 하는 한편 진시황의 무덤에 침입자가 있으면 자동으로 발사되는 궁노^{弓弩} 기관을 만든 장인들을 산 채로 무덤에 같이 묻었다. 호해는 여러 왕자들과 대신들이 자신에게 복종하지 않을 것을 두려워해서 조고와 몰래 법률을 고쳐 왕자와 공주 20여 명과 진시황의 측근 대신이자 자살한 큰아들 부소의 측근인 몽염, 몽의 등을 죽였다. 이들의 죽음과 연관되어 죽임을 당한 사람은 수를 헤아릴 수 없을 정도였다고 한다. 그 뒤로도 온갖 죄목으로 죽은 사람이 끊이지 않았고 신하들은 너나할 것 없이 두려움에 떨었다.

조고는 호해를 부추겨 진시황 때의 무리한 정책을 그대로 따르게 했다. 아방궁^{阿房宮} 공사를 계속 추진했고, 건장한 병졸 5만 명을 징발해 함양을 지키게 하는 한편 활쏘기와 군견, 군마, 금수를 조련하도록 했다. 그러다 식량이 모자르자 각 군현에 식량과 사료를 징발하여 보급토록 하니 백성의 세금과 부역 부담은 그칠 줄 모르고 더욱 심해졌다.

2세 원년인 기원전 209년 7월 변방 수비를 위한 인원 징발이 극심해지는 와중에 진승^{陳勝}과 오광^{吳廣}의 봉기가 일어났다. 반진 투쟁은 순식간에 관동 지역을 휩쓸었다. 그러나 호해의 정책은 더욱 가혹해지기만 했다. 세금을 많이 거두는 신하를 유능한 관리로 평가했고 사람을 많이 죽이는 자를 충신으로 여겼다. 형벌을 받은 자가 길거리에 널부러졌고 죽은 시체가 저잣거리에 산처럼 쌓였다. 게다가 간신 조고의 말만 듣고 좌승상 이사를 죽이고 우승상 풍거질^{馮去疾}과 장군 풍겁^{馮劫}을 핍박해 자살하게 만들었다. 그러고는 조고를 중승상에 앉혀

호해의 무덤 일반 평민 무덤 규모 정도로 남아 있다.

조정을 멋대로 주무르게 만드니 민심은 떠나고 각지에서 반란이 일
어났다.

　기원전 207년 7월 장한^{章邯}과 왕리^{王離}가 이끄는 진나라의 주력군이
항우와 유방에게 투항했고, 봉기군은 무관^{武關}을 공격하였다. 이에 조
고는 자신의 죄가 탄로나 처벌을 받을까 봐 사위 함양령 염락^{閻樂}과
함께 모의하여 호해가 망이궁^{望夷宮}에 간 틈을 타서 거짓으로 조서를
꾸몄다. 그리고 정변을 일으켜 궁을 포위하고 호해를 자살하게 만들
었다. 호해가 죽은 다음 아들 자영^{子嬰}이 즉위하여 조고를 없앴으나 멸
망의 길로 들어선 진나라의 운명을 되돌릴 수는 없었다.

　2세 호해의 폭정에 저항하는 농민 봉기가 일어났을 무렵인 기원전
208년, 봉기군의 위세가 점점 강해지자 놀란 호해는 조고의 말에 따

지록위마를 연출하는 조고의 모습

라 정치를 조고에게 위임한 채 깊은 궁궐 속으로 숨은 적이 있었다. 그때 조고는 정적으로 바뀐 이사를 모함해서 아들과 함께 처형했다. 기원전 221년 천하가 통일된 뒤 불과 10여 년 만에 제국의 기반이 통째로 흔들리기 시작했다. 안팎으로 위기를 느낀 조고는 호해를 정치 일선에서 물러나게 한 다음 기회를 봐서 호해마저 제거하고 자신이 황제가 되려고 했다. 이를 위한 사전 정지 작업의 일환으로 그가 꾸민 사건이 바로 '지록위마'이다. 그해가 기원전 207년, 통일 제국 14년째였다. 당시 상황을 사마천은 이렇게 전한다.

조고가 반란을 일으키려 했으나 신하들이 따르지 않을까 두려워 먼저 시험을 해 보기로 하고는 사슴을 가지고 와서 2세에게 바치며

"말입니다"라고 했다.

2세는 웃으며 "승상이 잘못 안 것 아니오? 사슴을 말이라고 하는군" 하고 말했다. 그러고는 좌우의 신하들에게 물으니 신하들 일부는 아무 말이 없었고, 일부는 말이라 하며 조고의 비위를 맞추었고, 일부는 사슴이라 했다.

조고는 사슴이라고 말한 사람들에게 몰래 죄를 씌워 처벌했다. 이후로 신하들 모두가 조고를 겁냈다.

– 「진시황본기」

조고는 '지록위마'로 자신의 권력 기반을 다졌고, 호해는 후궁으로 숨어 쾌락에 몸을 맡겼다. 하지만 정치 운영 능력이 떨어지는 조고가 난국을 감당하기란 애당초 불가능했고, 호해마저 죽이고 자신이 권력을 독점하려 했지만 결국 자영에게 죽임을 당하게 되었다. 이렇게 해서 최초의 통일 제국 진나라는 불과 15년 만에 역사의 무대에서 퇴장했다.

정치학적인 관점에서 '지록위마' 고사를 보면 그 의미가 상당히 달리 보인다. 우선 '지록위마'를 창안한 조고의 교활함도 문제지만 그게 통했다는 사실에 문제의 심각성이 있다. 조고의 정치 놀이에 동조한 자들과 그 분위기에서 우리는 진나라 멸망의 그림자를 감지할 수 있다. 그리고 궁극적으로는 이 놀이가 호해와 조고의 몰락을 예견하는 고사임을 통찰해야 할 것이다. 우리 주변에도 이런 어리석은 꼼수로, 또는 자기 측근의 꼼수에 놀아나 자신의 몰락을 재촉하는 지도자들이 의외로 많다.

또 조고가 정치 술수의 하나로 벌인 '지록위마'를 좀 더 파고들면 '통치 구역의 범위와 한계'라는 문제와 만나게 된다. 사슴 정도밖에는 다룰 수 없었던 조고가 능력 밖의 말을 다루려 했다는 의미이다. 사슴을 가리켜 말이라 우겼던 조고, 별 생각 없이 사슴을 사슴으로 보았던 호해, 두 사람 모두 자신들의 능력을 벗어난 통치 구역의 범위를 자각하지 못하기는 마찬가지였다. 우리는 자기 능력(욕심)에 대한 과신이 개인과 조직은 물론 나라까지 멸망으로 이끌 수 있다는 씁쓸한 교훈을 '지록위마'에서 얻을 수 있다.

물론 호해는 이런 것 저런 것 생각하지 않고 그저 즐기기만 하며 짧지만 잘 먹고 잘살다 갔다고 할 수 있다. 이는 결국 그가 지도자감이 아니었다는 반증이기도 하다. 한 나라를 이끌었던 통치자의 죽음에서 우리는 많은 교훈을 얻는다.

한신

천하 통일을 도운 충신의 애석한 죽음

그리스 속담에 흔히 성격과 기질이 그 사람의 운명을 결정한다는 말이 있다. 이 격언은 역사적 사례를 통해서도 그 의미를 확인할 수 있다. 여러 사례 중 서한삼걸西漢三傑의 한 사람으로 유방을 도와 천하를 재통일하는 데 가장 큰 공을 세운 한신의 죽음을 한 번 살펴보자.

기원전 202년 낙양 남궁에서 성대한 연회가 벌어졌다. 이 자리는 7년 전인 기원전 209년 최초의 통일 제국 진나라에 대항하는 봉기를 일으키고, 기원전 206년 항우와 본격적인 패권 쟁탈을 벌인 지 5년 만에 천하를 재통일한 서한의 개국 황제 유방이 연 것으로 거국적인 규모의 축하 자리였다. 이 자리에서 유방은 공신들에게 자신이 절대적인 열세를 극복하고 항우를 물리칠 수 있었던 원인에 대해 허심탄회하게 말해 보라고 하였다. 이에 같은 고향 출신인 고기高起와 왕릉은 유방이 오만한 성격에도 불구하고 천하의 이익을 함께 나누었기 때문에 성공했고, 항우는 성품이 인자함에도 불구하고 인재를 의심하고 공을 독차지하는 바람에 천하를 잃었노라는 나름의 분석을 내놓았다.

그러자 유방은 "그대들은 하나만 알고 둘은 모른다"며 자신이 승리할 수 있었던 것은 장량과 소하 그리고 한신이라는 걸출한 인재 셋을 두었기 때문이라는 '인재가 성패를 결정한다'는 논리를 제기했다. 유방은 세 사람 중 한신에 대해 "백만대군을 통솔하여 싸웠다 하면 승리하고, 공격하면 반드시 점령하는 명장"이라고 치켜세웠다.

사실 몇 년 전 유방은 한신과 마음을 터놓고 수하 장수들의 능력에 대해 평하는 자리를 가진 적이 있었다. 그 자리에서 유방이 물었다.

"나 같은 사람은 군대를 얼마나 거느릴 수 있다고 생각하나?"

그러자 한신이 대답했다.

"폐하는 그저 10만이면 충분합니다."

"그대는 어떤가?"

유방이 재차 묻자 한신은 이때 유명한 고사성어인 '다다익선多多益善'이라고 대답하였다. 기분이 좋지는 않았지만 그래도 유방은 웃으면서 그런 그대가 어째서 자기 밑에 있냐고 물었고, 순간 정신이 퍼뜩 난 한신은 "폐하는 군대를 많이 거느리지 못하지만 장수를 잘 거느리십니다"라는 답으로 어색한 상황을 무마했다.

초한쟁패라는 대하 사극에서 주
연은 물론 유방과 항우이다. 그러
나 이 드라마에서 한신 또한 주연
들 못지않은 활약을 보였다. 그는
항우의 숙부인 항량項梁 밑에 있었
으나 별다른 두각을 나타내지 못
했다. 그러다 항량이 죽자 항우에
게 몸을 맡겨 경호를 담당하는 낭
중 자리를 맡았다. 한신은 항우에
게 몇 차례 자신의 계책을 건의했
으나 묵살당하자 유방에게로 도망
쳐 왔다. 유방 진영에서도 한신은
손님을 접대하는 별 볼 일 없는 자
리를 받았으나 법을 어겨 목이 잘

유방에게 한신을 추천하는 소하의 모습을 그
린 기록화

릴 지경에 놓였다. 그때 "유방이 천하에 뜻을 두고 있으면서 인재들
을 죽인다"고 항의하여 유방의 측근인 등공滕公 하후영夏侯嬰의 눈에 들
어 식량을 담당하는 군관으로 승진했다. 그러나 유방은 여전히 한신
의 재능을 알아보지 못했고, 한신은 다시 유방을 떠났다.

그러나 한신의 능력을 간파하고 있던 소하가 그의 뒤를 쫓아 그를
다시 데려오면서 유방에게 자신이 보증을 서겠다고 하였다. 그리고
한신을 대장군에 임명하게 했는데 이로써 한신은 날개를 달게 되었
다. 그후 항우 쪽으로 기울어져 있던 천하대세의 추가 서서히 유방 쪽

으로 기울기 시작했고, 한신은 몇 차례 결정적인 전투에서 탁월한 전략과 전술로 항우를 물리침으로써 마침내 유방이 천하의 패권을 쥐도록 도왔다.

초한쟁패에서 한신이 세운 공은 그의 책사 괴통蒯通의 표현대로 '공고진주功高震主'였다. 즉, '그 공이 주인을 떨게 할 정도로 높았다'는 의미이다. 특히, 항우와 치열하게 패권을 다투는 상황에서 한신은 패권의 향배를 결정하는, 열쇠를 쥔 중요한 인물이었다. 이 때문에 항우는 무섭武涉을 한신에게 보내 자립하라고 회유했고, 이어 책사 괴통은 보다 정교한 논리와 정확한 형세 판단을 내려 한신에게 '천하삼분天下三分'을 강력하게 권유했다. 초한쟁패 당시 한신은 마음먹기에 따라 얼마든지 대세를 좌지우지할 수 있는 위치에 있었다. 초·한 2강 구도가 아닌 한신을 포함한 3강 구도로 재편될 가능성이 다분했던 것이다.

이처럼 초한쟁패의 당시 상황은 한신이 누구 편에 서느냐에 따라 패권의 주인이 달라질 수 있음은 물론 자신이 자립할 경우 대세가 재편될 정도로 그의 역할과 입지는 절대적이었다. 그런데 한신은 결국 유방 편에 서서 대세를 유방 쪽으로 기울게 했고, 자신은 초왕楚王에 봉해지는 영화를 누리기에 이르렀다.

그러나 한신의 운명은 천하통일을 기점으로 자신이 생각했던 것과는 다른 방향으로 선회하기 시작했다. 괴통이 한신에게 '천하삼분'을 권유했을 때 그는 한신의 존재 가치는 항우가 건재했을 때만 가능한 것이라고 지적했다. 즉 항우가 제거되는 날 한신도 같은 수순을 밟을 것이라고 냉정하게 예측한 것이다. 한신은 괴통의 말에 깊이 고민했

지만 끝내 결단을 내리지 못했고, 결국 '토사구팽兎死狗烹'으로 파란만
장한 생을 마감했다. 그 자신은 물론 삼족이 멸족당하는 비극으로 끝
난 것이다.

사마천은 한신의 죽음을 무척이나 애석해하며 한신의 일대기인『회
음후열전』과 유방의 일대기인『고조본기』곳곳에서 이런 자신의 감
정을 드러내고 있다. 사실 유방이 천하를 재통일한 후 보여 준 냉혹한
공신 숙청에서 절정은 누가 뭐래도 한신의 죽음이었다. 혹자는 한신
사건을 중국 역사상 가장 억울한 죽음이자 최대의 궁정 권력 스캔들
로 평가하기도 한다. 이 때문에 역대로 수많은 역사가들이 그 인과관
계를 분석하고 논평해 왔다. 한신의 일대기를 가장 자세하게 남기고
한신의 고향까지 직접 찾아 그의 행적을 탐문했던 사마천은 "만약 한
신이 도리를 알아 겸손한 태도로 자신의 공을 뽐내지 않고, 또 자신의
능력을 자랑하지 않았더라면 그 공적이 길이길이 전해졌을 것"이라
며 탄식했다. 사마천은 한신이 그렇게 비참한 최후를 맞이하게 된 까
닭을 한신의 성격 내지 기질에서 찾는 듯하다. 사마천의 분석이 틀린
것은 아니지만 무엇인가 허전한 감을 떨치기 어렵다.

관련 기록들을 꼼꼼하게 살펴보면 병선兵仙으로 추앙받는 명장 한
신이 세태와 인심에 얼마나 무감각했으며, 또 자기 성찰에 있어서 어
떤 한계를 보였는가를 발견할 수 있다.

우선 한신은 유방이 자기의 능력을 두려워하고 미워하는 것을 알
고 있었으면서도 주군인 유방에게 고분고분하지 않았다. 늘 유방을
원망하며 불만을 품었다. 이는 사마천이 지적한 바와 같다. 그 공이

명장 한신의 모습을 새긴 조형물

주인을 떨게 할 정도로 막강한 일등 공신이 늘 불만을 토로하고 다니는데 이를 그냥 두고 볼 주군이 어디 있겠는가? 문제는 한신이 이런 상황을 알고 있으면서도 태도를 바꾸지 않았다는 데 있다. 왜 그랬을까? 단순히 그의 성격이나 기질 때문일까?

다음으로 한신은 주변 인물들과 적절한 관계를 맺는 것을 아예 무시했다. 그래서 같은 공신인 주발周勃이나 관영灌嬰 등이 자신과 같은 반열에 있는 것을 수치스럽게 여겼다. 한번은 공신 번쾌樊噲(홍문연에서 유방을 죽이려는 항우의 책사 범증의 의도를 알고 이를 막았던 장사)의 집을 방문했는데 번쾌가 "대왕께서 신의 집을 다 찾아주시다니요"라며 극진한 예로 맞이했지만 한신은 번쾌의 집을 나서며 "내가 살아서 번쾌 등과 같은 반열이 되었구나"며 스스로를 비웃었다. 이처럼 그는 다른 공신들과 자신이 같은 반열에 오르는 것조차 견디지 못할 정도로 자만심에서 헤어나지 못했고, 이것이 인간관계에도 그대로 반영되었다.

또한 한신은 유방의 아내인 여태후의 정치적 능력에 대해 전혀 알

124

지 못했다. 한신은 유방의 손에 죽은 것이 아니라 여태후와 한신을 대장군에 추천한 소하의 계략에 걸려들어 죽었다. 한신은 죽는 순간에도 "아녀자에게 속았으니 이 어찌 운명이 아니랴?"라고 할 정도로 정치적인 무감각을 스스로 깨닫지 못했다.

즉 한신은 군사 방면은 몰라도 정치 방면에서는 거의 무지에 가까웠음을 알 수 있다. 명장이었는지는 몰라도 정치가는 아니었다.

게다가 그의 안중에는 오로지 유방과 소하밖에 없었다. 그는 유방이 자신을 의심하고 두려워하고 있다는 사실을 알면서도 의심을 거두게 할 만한 적절한 행동을 취하지 않았다. 다른 사람은 몰라도 유방이 자신을 어쩌지는 못할 것이라고 믿어 의심치 않았던 것이다. 자신을 대장군으로 추천해 준 소하에 대해서도 마찬가지였다. 두 사람의 관계를 잘 알았던 여태후는 자신이 한신을 부르면 안 올까 염려가 되어 소하를 시켜 한신을 불러들였다. '설마 소하가' 하던 한신은 결국 소하에게 속아 제 발로 사지로 걸어 들어갔다. 이 때문에 '성공도 소하, 실패도 소하'라는 유명한 말이 생겼다.

정치적으로 무감각했기 때문에 한신은 세태와 인심을 제대로 파악하지 못했다. 괴통의 천하대세에 대한 분석과 천하삼분의 건의를 받아들이지는 않았더라도 당시의 대세가 자신에게 어떤 영향을 미칠 것인가에 대해서는 충분한 성찰이 있었어야 했다. 즉, 자신이 처한 상황 속에서 자신의 역할과 위치, 그리고 형세 변화가 자신에게 미칠 영향 등을 심각하게 고려했어야 한다. 장량처럼 부귀영화를 버리고 깨끗하게 물러날 것이 아니라면 말이다. 한신은 이 점에서 치명적인

결함을 보였다.

그런데 한신의 이 같은 성찰의 한계는 결국은 그의 성격에서 비롯되었다고 볼 수 있다. 자신에 대해 의심의 눈초리를 거두지 않는 주군 유방 앞에서 '다다익선'이라고 당당하게 말하질 않나, 전황이 긴박하게 돌아가는 시점에 느닷없이 자신을 제나라 왕에 봉해 달라고 요구하여 유방의 기분을 언짢게 하고, 항우를 단숨에 궤멸시키려는 결정적 순간에 군대를 출동시키지 않음으로써 유방의 마음이 떠나게 하거나, 같은 공신들을 철저하게 무시하면서 늘 원망과 불만을 토로하고 다녔으니 말이다.

젊은 날 한신은 동네 건달이 "용기가 있다면 차고 있는 칼로 나를 찌르고 용기가 없다면 내 가랑이 밑을 기어라!"라며 시비를 걸어오자 그 건달을 한참 쳐다보다가 두말 않고 그 가랑이 밑을 기어간 일이 있었다. 그러한 치욕을 견뎌 내며 이른바 '과하지욕跨下之辱'이라는 유명한 고사성어를 남긴 바 있다. 사마천은 당시 한신이 한주먹 거리도 안 되는 이 건달을 '한참 동안 쳐다보았다'고 기록하고 있는데, 그동안 한신은 과연 무슨 생각을 했을까? 어쩌면 이 '과하지욕'이란 고사성어가 세상과 사람을 자기 눈 아래에 두고 살았던 한신의 오만한 성격을 절묘하고도 함축적으로 표현하고 있는 것은 아닐까?

한신은 순진하기만 했지 순수하지는 못했던 듯하다. 자신을 성찰하기보다 늘 주변 탓만 했으니 말이다. 주인을 떨게 할 정도로 공이 높았던 한신의 비극은 자신의 성격과 기질을 성찰하지 못함에서 비롯된 안타까운 비극이었다.

기업의 창업 과정에서 창업주를 능가하는 지대한 공을 세운 창업 공신에 대한 처우 문제를 고민하는 경우가 있다면 한신의 비극을 면밀히 검토하고 교훈으로 삼아야 할 것이다.

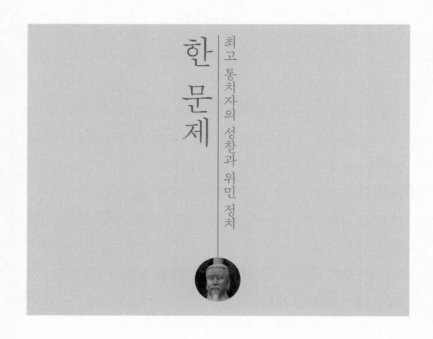

한 문 제

최고 통치자의 성찰과 위민 정치

기원전 202년 항우와의 치열한 다툼 끝에 유방이 천하를 재통일하였다. 유방은 초기 불안정한 정권에 반기를 드는 일부 공신들을 숙청하는 데 전력을 다하고 세상을 떠났다. 병약한 혜제가 즉위했으나 기가 드센 어머니 여태후에 눌려 요절하고 대권은 여태후가 장악하였다. 여태후는 전란에 지친 백성들을 충분히 쉬게 하면서 천천히 인구를 늘리고 생산력을 높이는 데 힘을 쏟았다. 사소한 법률로 백성을 옥죄거나 피곤하게 만들지 않는다는 이른바 '무위이치無爲而治'를 정책의 기본으로 삼아 초기 불안했던 병목 위기를 슬기롭게 넘겼다.

그러나 여태후는 자신의 인척들을 대거 왕에 봉하는 등 여씨 일가에 의한 독재를 고집했고, 그녀가 죽자 공신들은 즉각 반격에 나서 여씨 일족들을 제거하고 다시 유씨 황제를 세웠다. 공신들에 의해 지목된 황제는 유방의 넷째 아들로 지금의 하북성과 내몽고 경계 지역인 대代의 왕으로 있던 유항劉恒이었다. 이가 바로 문제이다.

유항을 선택한 공신들의 판단은 옳았다. 한나라 왕조가 초기 병목위기를 넘기고 크게 발전할 수 있는 기틀이 문제 치세에 닦였기 때문이다. 또한 그의 아들 경제와 함께 중국 역사상 최고 전성기의 하나로 꼽히는 소위 '문경지치文景之治'의 시대를 여는 데 결정적인 역할을 하기도 했다.

기원전 180년 23세의 나이로 즉위한 문제는 기원전 157년 46세의 나이로 세상을 뜰 때까지 24년 동안 재위하면서 주목할 만한 업적을 많이 남겼다. 그 업적 가운데 지금 보아도 참신한 것은 각종 악법의 폐지이다.

문제는 즉위 즉시 연좌제 폐지를 제의하였다. 이에 담당 관리들은 오랫동안 존속해 온 법을 갑자기 폐지하면 혼란이 생기므로 그대로 두자며 반대하고 나섰다. 그러자 문제는 이렇게 말했다.

"법이 바르면 백성들이 충성을 다하고, 죄를 정당하게 처벌하면 백성들이 복종한다고 했다. 또 관리는 백성을 잘 다스려 착한 쪽으로 이끌어야 하거늘, 백성들을 바로 이끌지도 못하고 게다가 바르지 못한 법으로 죄를 다스린다면, 이는 백성들에게 해를 끼쳐 난폭한 짓을 하게 만드는 것이니 이렇게 해서 어떻게 나쁜 짓을 못하게 하겠는가? 나는 연좌제 어디에 좋은 점이 있는지 모르겠으니 자세히 연구해 보길 바란다."

또한 문제는 아비의 죄를 대신 받겠다는 효녀 제영의 간곡한 청을 받고는 신체의 일부를 자르거나 못쓰게 하는 육형肉刑을 폐지했으며, 혹형 중에서도 가장 비인간적이고 치욕적이어서 죽음보다 더한 형벌로 악명이 높은 궁형宮刑도 폐지했다. 그는 육형을 폐지하게 하면서 이렇게 말했다.

"지금 법에 육형이 세 가지나 있음에도 범죄는 그치지 않고 있으니 문제가 대체 어디에 있는가? 짐의 덕이 모자라고 교화가 제대로 되지 못한 까닭이 아니겠는가? 교화의 방법이 훌륭하지 못해 어린 백성들을 그런 범죄의 길로 빠지게 하고 있으니 몹시 부끄럽다. …… 지금 백성들에게 잘못이 있으면 교화도 해 보지 않고 먼저 형벌을 가해 버리니, 행여 잘못을 고쳐 좋은 일을 하고자 해도 그럴 기회가 없어지니 짐은 이것이 몹시 안타깝다. 팔다리가 잘리고 피부와 근육이 상해 죽을 때까지 회복되지 않으니 얼마나 고통스럽겠는가? 이 얼마나 부도덕한 일이며, 이것이 어찌 또 백성의 부모 된 자의 바람이겠는가? 육형을 폐지하도록 하라!"

문제의 이러한 정치 철학은 백성을 아끼고 민심을 우선하는 정책에 고스란히 반영되어 나타났다. 천지신에게 제사를 지내면서 백성들은 놔두고 황제의 복만 비는 행위를 중지시키거나 백성에게 조금이라도 불편한 일이 있으면 바로 없애 백성을 이롭게 하는 행정을 즉각 실현하였다.

문제의 이같은 '위민爲民' 정치는 무엇보다 끊임없는 자기 성찰의 산

물이었다. 그가 즉위 초기에 전국적
으로 내린 '여론 수렴령'과 이어 단행
한 '비방죄誹謗罪' 폐지에 따른 '비방목誹
謗木' 언급은 그의 자기 성찰의 경지가
어느 정도였는지를 잘 보여 준다. 아
래는 전국에 내린 여론 수렴령의 요
지이다.

> 각지에 이 명령이 내려가면 짐의
> 과실은 물론 지혜, 식견, 생각이 미
> 치지 못했던 점들을 깊이 생각하여
> 짐에게 알려 줄 것이며, 재주와 덕

한 문제의 상   문제는 최고 통치자의
제대로 된 성찰을 보여 준 명군이다.

이 뛰어나고 직언할 수 있는 인재를 발탁하여 짐의 모자란 점을 바
로잡아 주기 바란다.

다음은 '비방죄' 폐지 명령의 요지이다.

옛날 선왕들이 천하를 다스릴 때 조정에는 올바른 진언을 위한 깃
발, 즉 '진선지정進善之旌'과 비평을 위한 나무 팻말, 즉 '비방지목誹謗之木'
을 만들어 다스림의 올바른 길을 소통시키고 직언하는 사람들이 나
설 수 있게 했다. 그런데 지금 법을 보면 비방과 유언비어에 대한 처
벌이 있는데, 이는 신하들로 하여금 마음에 있는 바를 다 쏟아 내지

못하게 하는 것이며, 황제에게는 자신의 과실을 지적받을 기회를 없애는 것이다. 그러니 먼 곳의 유능한 인재들을 무슨 수로 오게 하겠는가? 이 죄목을 없애도록 하라!

이러한 조치는 백성들과 인재들에게 생각을 자유로이 건의할 수 있게 함으로써 자신의 잘못을 바로잡겠다는 의지에서 나온 것이다. 문제는 덕으로 백성들을 교화하는 데 힘썼고, 그 결과 전국의 인구는 늘고 경제는 부유해졌으며 예의와 염치를 아는 풍토가 조성되었다. 약 2,200년 전 오로지 백성만을 위하는 '위민' 정치를 실천하기 위해 요순 시대의 '비방목'을 거론하며 자신에 대한 솔직한 비판과 소통을 갈망했던 한 문제의 성찰은 정치와 통치자의 본질을 깊이 되새기게 한다.

백성을 아끼는 문제의 마음은 그가 죽기 전에 남긴 유언에도 고스란히 나타나 있다. 그는 천하 만물 중에 죽지 않는 것이 어디 있냐며, "죽음이란 천지의 이치요 생명체의 자연스러움이니 짐의 죽음이라고 해서 어찌 유별나게 슬프겠는가"라고 말문을 열었다. 그러고는 자신의 장례 때문에 백성의 생업에 지장이 가지 않도록 각별히 주의할 것을 신신당부하면서 3일장을 명령했다. 이것이 아마 3일장의 효시가 아닌가 싶다. 간편한 상복과 간소한 곡을 부탁했고, 심지어 장례 기간에 백성들이 제사를 지내거나 혼례를 치르거나 고기를 먹는 것 등을 금지시키지 않도록 했다. 매장이 끝나면 후궁 중 부인 이하 등급은 모두 집으로 돌려보내 정상적으로 살아가게 했다. 자신의 무

한 문제의 무덤인 패릉   문제는 장례를 간소한 박장으로 하라고 하며 주위 산천을 파헤치지 말라는
당부도 더했다.

덤도 산천을 파헤치지 말라며 박장^{薄葬}(장례를 간단히 지냄)을 당부했다.

　비방목이나 신문고를 세우지 못할망정 못난 정치를 비판하고 못된
정치가를 비판하는 백성들을 법으로 처벌하겠다는 한심한 발상이 난
무하는 오늘날의 현실을 보노라면 2천여 년 전 한 문제의 자기 성찰
이 말할 수 없이 큰 감동으로 다가온다. 전국 방방곡곡 거의 모든 기
관이나 기업 및 조직에 형식적으로 남아 있는 '건의함'의 초발심을 되
찾는 일이 필요한 시점이다. 최소한의 성찰 기회마저 하릴없이 날리
고 껍데기만 남은 지난 행태에 대한 반성조차 거부할 명분이 있는가?

이광

적군도 흠모한 장수의 자결

진시황을 암살하라고 형가를 사주한 것은 연나라 태자 단이었다. 단은 형가가 진시황 암살에 실패한 뒤 요동으로 도망쳤다. 그러자 진시황은 군대를 동원하여 단을 추격하여 잡아 죽였는데, 이때 단을 잡은 장수가 다름 아닌 이광의 조조 할아버지 이신李信이다. 이처럼 당시는 명문가 집안이었는데 이광 세대에 와서 평민 신분으로 전락했다.

이광은 젊었을 때부터 적진을 뚫고 들어가고 맨손으로 맹호를 때려잡았다는 여러 무용담이 전하며 이름이 널리 알려졌다. 그 후 이광은 변방의 장수가 되어 상곡, 상군, 롱서, 북지, 안문, 대군, 운중 등지에 자신의 말발굽을 남겼다. 그러나 직위는 줄곧 태수 정도를 맴돌면서 승진은 못 하고 있었다.

몇 년 뒤 무제^{武帝}가 즉위했을 때 이광은 이미 국가가 공인하는 명장의 반열에 올라 있었다. 새로운 황제, 새로운 기상의 분위기 속에서 이광은 마침내 변방에서 도성으로 돌아와 무제에 의해 미앙궁 금위군 책임자로 임명되었다. 하지만 오랜 변방 생활로 이광은 이미 노년에 접어들고 있었다.

이광에게는 사촌동생 이채가 있었는데 재능만 따지면 이광과는 비교도 안 될 정도로 한참 아래였지만 경제 때 이미 연봉 2천 석의 고관이 되었고, 무제 때도 순풍에 돛을 단 듯 승진을 거듭하여 3공의 반열에 올랐다. 이광의 부하들 중에서도 후작을 받는 자가 있었다.

이광은 4년을 더 기다린 끝에 정식으로 장군으로 승진하여 군대를 이끌고 나와 흉노 정벌에 나설 수 있었다. 그러나 뒤늦게 찾아온 기회가 이광에게 치욕을 안겨 주었다. 흉노의 전력이 매우 우세해 포로로 잡히고 만 것이다. 간신히 탈출하여 천신만고 끝에 장안으로 돌아왔으나 이광을 기다리고 있는 것은 책임 추궁뿐이었다.

몇 년 뒤 운명의 신이 다시 찾아왔다. 한나라 왕조의 장군들 중 후발 주자이자 한나라 왕조의 명장인 대장군 위청^{衛靑}과 표기장군 곽거병^{霍去病}이 대군을 거느리고 당당하게 흉노 정벌에 나선 것이다. 이광은 자신도 출전할 수 있게 해 달라고 여러 차례 요청했다. 황제는 이광의 나이를 거론하며 허락하지 않다가 한참만에야 전장군^{前將軍}에 임명하며 출정을 허락했다. 그해가 기원전 119년이다. 변방을 나선 뒤 대장군 위청은 적병을 잡아 흉노의 우두머리인 선우^{單于}가 머무는 위

이광의 초상화 이광은 비장군飛將軍이란 별명이 붙을 만큼 활을 잘 쏘았다.

치를 알아냈다. 그러고는 자신이 직접 정예병을 이끌고 선우를 추격하면서 이광에게는 우장군과 합류하여 동쪽에서 공격하라고 명령했다. 동쪽 길은 우회하는 길이라 먼데다 물도 부족하여 우장군과 합류하여 갈 수가 없었다. 이에 이광은 직접 나서며 말했다.

"저의 직무는 전장군입니다. 그런데 지금 대장군께서는 제게 동쪽 길로 출병하라 하십니다. 소년 때부터 흉노와 싸워 온 제가 오늘에서야 비로소 선우와 대적할 기회를 가졌으니 원컨대 선봉에 서서 선우와 결전을 벌일 수 있게 해 주십시오."

대장군 위청은 황제로부터 은밀하게 이광이 나이가 많고 운이 좋지 않으니 선우와 대적하지 못하게 하라는 밀지를 받은 바 있었다. 그때 공손오는 후작에서 막 밀려났다가 대장군을 따라 출정하면서 중장군에 임명되었다. 위청은 공손오와 함께 선우에 대적할 생각으로 일부러 전장군 이광의 임무를 바꾼 것이다. 이광은 그러한 내부 정황을 어느 정도 아는 터라 한사코 명령을 거두어 달라고 요구했다. 하지만 위청은 이광의 요구를 받아들이지 않았다. 대신 장사에게 공문을 작성하게 하여 이광의 막부로 보내 "공문의 지시대로 서둘러 우장군 부대가 있는 곳으로 가라"고 명령했다. 속이 상한 이광은 대장군에게 보고하지 않고 길을 떠났다.

그러나 향도조차 없는 군대는 수시로 길을 잃었고 그 결과 뒤로 처지게 되었다. 위청은 선우와 교전을 시작했고 수세에 몰린 선우는 달아났다. 위청은 별다른 전과 없이 남쪽으로 군대를 돌려 사막을 건너다 전장군 이광을 만났다. 이광은 대장군에게 인사를 올리고 자기 군영으로 돌아왔고, 위청은 장사를 보내 식량과 술을 내리는 한편 이광에게 길을 잃은 상황을 묻고는 이 상황을 황제에게 상세히 보고하라고 했다.

하지만 이광은 보고하지 않았다. 위청은 장사를 보내 이광 막부의 부하들을 불러다 문책하면서 대질 심문을 하게 했다. 그러자 이광이 나섰다.

"교위들에게 무슨 죄가 있나? 내가 길을 잃은 것이지. 지금 내가 직접 대장군 막부로 가서 대질 심문을 받겠다!"

대장군 막부에 도착한 이광은 자신의 부하들에게 말했다.

"나는 소년 시절부터 흉노와 크고 작은 전투를 70여 차례나 치렀다. 지금 다행히 대장군과 함께 출정하여 선우의 군대와 교전할 수 있게 되었는데, 대장군이 나에게 길을 돌아오도록 명령하는 바람에 길을 잃었으니 이 어찌 하늘의 뜻이 아니겠는가. 이미 60이 넘은 나이에 어찌 도필리(옥리)에게 수모를 당할 수 있겠느냐!"

그러고는 칼을 꺼내 스스로를 찔러 목숨을 끊었다. 매화 꽃잎이 떨

이광의 무덤 감숙성 천수시에 있으며 그는 군인의 모범으로 길이 기억되고 있다.

어지듯 선혈이 땅 위로 뿌려졌다. 사마천은 『논어』의 말을 인용하여 의미심장하게 이광을 칭찬했다.

"'자신의 몸가짐이 바르면 명령을 내리지 않아도 시행되며, 자신의 몸가짐이 바르지 않으면 명령을 내려도 따르지 않는다'고 했는데 이는 이 장군을 두고 하는 말이 아니겠는가?"

그런 다음 사마천은 깊은 정감을 실어 "내가 이 장군을 본 적이 있는데 성실하고 순박하기가 시골 사람 같았으며 말도 잘 못했다. 그가 죽자 천하 사람들은 그를 알건 모르건 모두 그의 죽음을 슬퍼했다. 속담에 이르기를 '복숭아와 오얏나무는 말이 없지만 그 아래로 절로 길이 난다*'고 했다. 이 말은 사소해 보이지만 큰 이치를 비유하는 말이다"라고 했다. 사마천이 한나라 왕조 중 이렇게 두 번 세 번 경의를 표시한 인물은 거의 없다.

이광은 이른바 속 좁은 황제와 정치 군인들에게 따돌림을 당해 향도도 없이 행군하다 길을 잃어 약속한 날짜에 합류하지 못하는 바람에 책임을 추궁당했다. 정치 군인들은 이광의 부하 장병들을 괴롭혔고, 이를 참다 못한 이광이 스스로 자결하여 부하들을 지킨 것이다.

『사기』의 기록에 따르면 이광은 부하 병사들을 자기 몸처럼 아꼈다. 행군도 군장을 메고 같이 했고, 침식도 부하들과 함께였다. 특히 부하들이 마시기 전에 먼저 물을 마신 법이 없었고, 부하들이 먹기 전에 먼저 밥을 먹은 적이 없었다. 적군인 흉노조차 존경하고 흠모할 정도였다. 사마천이 그를 극찬한 이유는 이 때문이다. 군대와 군인들에 대한 극도의 불신이 팽배한 지금 새삼 이광의 죽음을 떠올려 본다.

• 도리불언桃李不言 하자성혜下自成蹊

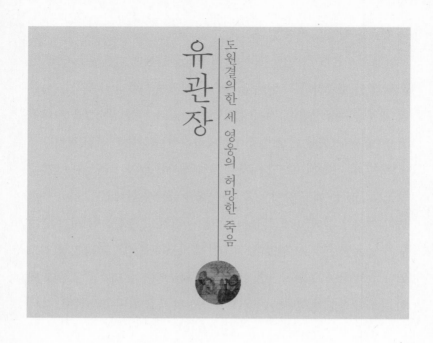

유관장

도원결의한 세 영웅의 허망한 죽음

삼국 시대 촉나라의 세 영웅이자 도원결의라는 천고의 미담을 남긴 유비劉備와 관우關羽 그리고 장비張飛는 오늘날 더욱 유명한 사람들일 것이다. 이들은 도원에서 '한날 한시에 태어나지는 않았지만 죽을 때는 한날 한시에 죽기로 맹서한다'는 결의를 했다. 이 얼마나 심장 뛰는 멋진 맹서인가! 소설 『삼국지』는 이렇게 시작되고, 세계적인 고전의 반열에 올랐다.

삼국 시대 이들 삼형제의 활약상은 실로 눈부시다. 유비의 리더십과 관우와 장비의 화려한 무공武功은 『삼국지』를 읽지 않은 사람들도 잘 알고 있을 정도이다.

그런데 이들 삼형제의 최후를 보면 살아생전 그들의 화려한 활약상에 대해 고개를 갸웃하게 되고 맥이 풀리는 기분이 든다. 그들이 맹서처럼 한날 한시에 죽지 않았고 죽음이 다소 허망하기까지 하기 때문이다. 의리로 맺어진 이들 중 가장 먼저 죽은 사람은 둘째 관우로 220년이었고, 그다음은 막내 장비로 221년이었다. 마지막은 맏형 유비로 223년이었는데 삼형제가 3년 사이 잇따라 세상을 떠난 것이다.

삼형제의 죽음은 관우의 죽음으로 시작되었다. 당시 관우는 7군을 물에 수장시키고 우금于禁과 방덕龐德을 사로잡는 등 눈부신 전과를 올렸다. 그러자 관우는 적을 깔보기 시작했고, 그의 교만함은 눈덩이처럼 커졌다. 동오의 젊은 장수 육손陸遜은 이 점을 이용했다. 그는 깍듯하게 예의를 갖추어 관우에게 편지를 보내 관우의 자만심을 한껏 부추겼다.

그렇지 않아도 육손을 한 수 아래로 여기고 무시하던 관우는 육손의 이런 저자세에 경계심을 완전히 풀어 버렸다. 그러고는 강동에 대한 걱정을 완전히 한쪽으로 제쳐 두고, 형주성에 주둔하고 있던 병력의 대부분을 번성樊城으로 철수시켜 서쪽과 북쪽에 대한 병력을 강화했다.

이 틈을 타고 여몽呂蒙이 형주를 기습하여 피 한 방울 흘리지 않고 형주성을 접수해 버렸다. 육손은 철저히 자신을 낮추고 관우를 치켜세워 관우를 방심하게 만들었다. 형주가 동오에 넘어가자 관우는 수세에 몰려 맥성으로 후퇴했으나 결국 포로가 되어 목이 잘리고 말았다. 그의 목은 낙양에 있는 조조에게 보내졌다. 이 때문에 이후 그의 무덤은 당양과 낙양 두 곳에 남아 있다.

막내 장비의 죽음은 더 어처구니없었다. 장비는 평소 술을 지나치게 좋아한데다 지나치게 부하들에게 엄격하여 자주 원성을 샀다. 그 때문에 유비에게 종종 훈계를 듣기도 했지만 장비의 태도는 달라지지 않았다.

관우가 형주에서 죽임을 당하자 유비는 복수를 위해 동오 정벌을 결정하고 장비에게 준비하라고 명령했다. 장비는 종군을 준비하던 중 술에 취해 잠이 들었는데, 그의 부하였던 장달과 범강이 잠든 장비를 살해했다. 이들이 장비를 살해한 이유는 참으로 어이없는 것이었다.

장비는 동오를 정벌하기에 앞서 부하들에게 소복을 준비하라고 하며 사흘의 기한을 주었다. 장달과 범강은 불가능하다고 했고, 화가 난 장비는 두 사람에게 매질을 했다. 사흘 안에 소복을 마련하지 못하면 죽게 될까 봐 두 사람은 이참에 장비를 죽이기로 마음먹고 장비가 술에 취해 잠이 든 틈을 타 장비의 목을 베어 버렸다. 두 사람은 장비의 목을 들고 동오로 도망갔지만 오히려 동오는 두 사람을 죽이고 장비의 목을 유비에게 보냈다.

그럼에도 유비는 동오 정벌을 포기하지 않고 끝까지 고집했다. 관우와 장비가 죽자 화를 이기지 못하고 판단력을 상실한 것이다. 격분한 유비는 앞뒤 돌아보지 않고 대군을 이끌고 오나라를 공격했다. 촉나라 군대는 장강長江 상류에서 물길을 따라 순조롭게 진격하여 상대적으로 높은 위치를 차지했다. 그 기세는 대단하여 10여 차례의 전투

유비, 관우, 장비의 도원결의를
나타낸 그림과 조형물

를 승리로 이끌며 이릉^{夷陵} 일대까지 밀고 들어갔다. 오나라 땅 깊숙이 들어간 형국이었다.

　형세를 정확하게 분석한 육손은 섣불리 나서 공격하지 않고 적이 지치기를 기다렸다가 공격하기 위해 전략적 퇴각을 결정했다. 관우의 원수를 갚겠다는 마음만 앞섰던 유비는 육손의 의도도 모른 채 깊숙이 추격해 들어갔고, 기다리고 있던 육손은 유비의 군대와 전선이 수백 리에 걸쳐 이어져 있음을 보고 화공을 퍼부었다. 유비는 군영까지 불타 버리는 수모를 당하고 말았다. 퇴각하던 유비는 울화병까지 얻어 백제성^{白帝城}에서 병사했고, 촉나라는 더 이상을 기를 펴지 못한 채 쇠망의 길을 걸었다.

　유관장으로 불리는 도원결의 삼형제의 죽음은 많은 것을 생각하게 한다. 주군(형님)에 대한 일편단심에 지나치게 의미를 부여하여 자신을 과시하고 상대를 얕잡아 보는 상대적 우월감이 자만과 교만으로 발전함으로써 끝내 자신을 해치고 나라의 운명에까지 악영향을 끼친 관우와 장비는 소설을 통해 과대평가되고 미화된 인물의 전형이라 할 수 있다. 유비 역시 이런 평가에서 자유로울 수 없다. 두 동생의 맹목적 충성에서 비롯된 삐뚤어진 충성과 집착은 양날의 칼이었던 셈이다. 이런 점에서 이들의 의리는 공사를 분별할 줄 모르는 건달이나 양아치들의 의리와 별반 다를 것이 없었다.

제갈량

유능하고 어진 재상의 모범

제갈량은 '만고의 충절', '탁월한 지략가', '지혜의 화신', '유능하고 어진 재상의 모범', '고금에 둘도 없는 명재상' 등의 칭송이 뒤따르는, 중국인들이 가장 사랑하는 인물이다. 유비는 삼고초려三顧草廬해 가면서까지 그를 발탁했으며, 심지어 자신과 제갈량의 관계를 물이 없으면 살 수 없는 물고기와 물의 관계에 비유했다. 여기서 '수어지교水魚之交'라는 고사성어가 나왔다.

유비는 오나라 정벌에 실패한 뒤 백제성에서 쓰러져 죽기 전 못난 아들 아두阿斗(유선劉禪의 별명)를 걱정하면서 제갈량에게 자신의 아들이 도저히 재목이 아니라고 판단되면 당신이 직접 황제 자리에 올라 촉나라를 통치하라고 했다. 이것이 유비의 진심이었느냐를 두고 이후에도 말들이 많지만, 한 가지 분명한 사실은 유비가 그만큼 제갈량을 믿었다는 것이다.

촉나라의 국정을 담당하는 동안 제갈량은 형주에서 데리고 온 측근들에 의지하는 한편 유장劉璋의 부하와 익주益州의 권문세족들을 발탁하는 데 눈을 돌렸다. 출신은 보잘 것 없어도 재능이 있으면 사람을 가리지 않고 등용했다. 그의 인재 정책은 훗날 "때를 맞추어 능력 있는 사람을 최대한 쓸 줄 알았다"는 평을 들었다. 그는 전국 시대 법가 사상가들인 신불해申不害와 한비자韓非子의 법술을 믿어 법과 명령을 엄격하게 적용했으며 상과 벌이 분명했다. 누구든 법을 어기면 엄격하게 징벌했다. 그래서 촉나라의 관리나 백성들은 그가 상을 내리면 누구도 시기 질투하지 않았고, 그가 벌을 내려도 누구도 원망하지 않았다고 한다.

참군參軍 마속馬謖을 무척이나 아꼈지만 군령을 어기고 가정街亭을 지키지 못하고 위나라 군대에게 패하자 눈물을 흘리며 그를 죽이고 사람을 잘못 기용한 죄를 물어 자신의 관직을 강등시켜 달라고 자청한 일화는 유명하다. 그 일화에서 '읍참마속泣斬馬謖'이란 고사가 나왔다.

제갈량의 상 호북성 양양에 있다.

익주의 권문세족들은 유장 이래 오랫동안 멋대로 권력을 휘두르며 군신의 도를 무시해 왔지만 제갈량은 그들의 불법 행위에 대해서도 가차없이 엄단했다. 이러한 조치들로 인해 촉나라는 정치적으로 어느 정도 투명성과 통일을 유지할 수 있었다.

제갈량은 역량이 떨어지는 두 명의 주군을 모셨지만 결코 조건과 환경을 탓하지 않았다. 그는 당시 형세로 보아 삼국을 정립할 수밖에 없음

제갈량 문집의 연보 부분

을 잘 알고 유비에게 삼분천하를 제안했다. 그리고 이 형세를 유지하기 위해 내정을 개혁하여 촉나라 정치를 안정시켰고, 외부적으로는 오나라와 동맹하여 상대적으로 강한 위나라를 견제함으로써 삼국 정립이라는 형세를 유지했다.

『삼국지』 「촉서」에서는 제갈량을 가리켜 다음과 같이 기록했다.

> 정치가 무엇인가를 아는 뛰어난 인물이었다. 관중과 소하에 견줄 만하다. …… 나라 사람들이 모두 두려워하면서도 아끼는 인물이었다.

그냥 정치를 하는 것과 정치를 제대로 아는 것의 차이를 지적한 말이다. 제갈량이 정치를 제대로 알았다는 것은 그가 평생 공개, 공

정^{公正}, 공평^{公平}이라는 '삼공^{三公}의 원칙'을 지키며 살았다는 사실에서 잘 드러난다. 자신의 정치와 정책을 공개하면 공정해질 수밖에 없고, 공개와 공정을 견지하면 공평해질 수밖에 없다. 이는 오늘날 공직자들이 마음 깊이 받아들여야 할 참으로 귀중한 충고이다.

제갈량은 오나라와의 연맹을 유지하면서 여러 차례 북벌을 단행했다. 심혈을 기울여 조조의 위나라를 멸망시키고 한나라 황실을 부활시키려 했으나 현격한 역량 차이를 극복하지 못하고 실패했다. 건흥 12년인 234년 마지막 북벌 중에 제갈량은 전방 오장원^{五丈原} 전투에서 패배하고 병을 얻어 세상을 떠났다. 그의 시호는 충무후^{忠武侯}이다. 후대 봉건 통치자들에 의해 제갈량은 "있는 힘을 다해 충성하되 죽어도 여한이 없었던" 충신의 전형으로 평가받았다.

중국인들은 그들이 가장 사랑하는 또 한 사람 주은래^{周恩來} 전 수상이 죽자 '국궁진력^{鞠躬盡力}'이란 네 글자로 그의 죽음을 애도했는데, 이것은 제갈량이 출정에 앞서 유선에게 바친 유명한 '후출사표^{後出師表}'에 나오는 말이다. 제갈량은 이 글에서 "신은 죽을 때까지 있는 힘을 다할 것입니다"라며 비장한 결의를 드러내고 있다. 전·후 두 편의 '출사표'는 역대 문장들 가운데서도 명문으로 꼽히는데, 제갈량의 인간됨을 이보다 더 잘 나타내는 글이 없다는 평가를 받는다.

어진 신하를 가까이 하여 중용하고 소인들을 멀리하여 내친 일, 이것은 바로 전한의 고조·문제·경제·무제 때에 한창 흥성하여 잘 다스려졌던 까닭입니다. 소인배를 가까이 하여 등용하고 어진 신하들

제갈량의 무덤 섬서성 면현에 있다.

을 멀리 하여 내친 일, 이것은 바로 후한의 환제와 영제가 천하를 망하게 한 까닭을 논하면서 일찍이 환제와 영제를 두고 탄식하며 가슴 아파하지 아니한 적이 없었습니다.

- 제갈량의 『출사표』 중에서

제갈량은 이 글에서 자신의 재산을 공개했다. 얼마 되지 않은 재산이나마 자신의 생계를 유지하기에 부족함이 없다며 자신은 오로지 촉나라와 백성들을 위해 있는 힘을 다할 뿐이라고 했다. 그가 죽은 뒤 집안을 정리하려고 보니 당초 제갈량 자신이 밝힌 재산에서 한 뼘의 땅이나 단 한 푼의 돈도 늘지 않았다고 한다.

제갈량은 위나라를 정벌하기 위한 북벌에 나섰다가 병사했는데 말하자면 과로사였다. 그는 자신의 죽음을 예감하고 뒷일까지 대비한 다음 촉나라 군대를 철수시켰다. 이러한 제갈량의 충정과 청렴함은 후손들에게도 이어졌다. 아들 제갈첨은 후주 유선의 딸과 결혼해 부마라는 귀한 신분이었다. 그런데 위나라 장수 등애와의 전투에 나섰다가 포로로 잡혀 고관대작의 회유를 받았으나 이를 거부하고 자결했다. 제갈첨의 아들 제갈상도 면죽관 전투에서 전사했다.

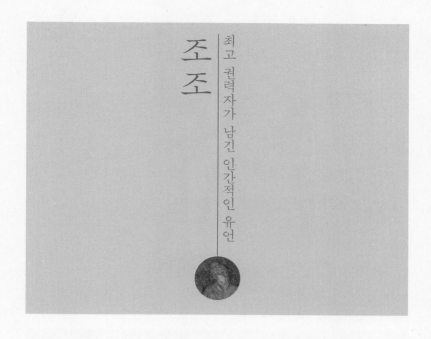

최고 권력자가 남긴 인간적인 유언

조조

난세의 간웅奸雄 조조는 동한 말기의 권신으로 걸출한 정치가이자 군사 전문가요, 문학가였다. 하지만 환관의 양자였던 아버지의 출신 배경 때문에 늘 문벌사족들에게 멸시당해 상당한 열등감을 느끼고 있었다. 조조는 이런 열등감을 자신을 발전시키는 계기로 활용했다. 즉, 사람에 대한 편견을 없앰으로써 삼국 시대 통치자들 중 유능한 인재들을 가장 많이 확보하여 주도권을 잡을 수 있었던 것이다.

조조는『손자병법』등 병법서에 정통했다.『손자병법』에 주석을 단 최초의 인물이며 10여 만 자에 이르는 병서를 저술하기도 했다. 또한 고대 군사 학설과 전략 전술을 잘 운용하여 "변화무쌍하고 기발한

문서를 검토하고 있는 조조의
모습

문학을 장려하는 조조의 모습   조조는 건안문학을 주도한 칠자를 탄생시켰다.

전술과 전략으로 상대를 제압하고 승리를 거두었다"고 한다.

그는 여러 차례 '재능만 있으면 추천하겠다'는 '유재시거唯才是擧'의 인재 발탁 원칙을 널리 천명했다. 동한 시대에 주류를 이루었던 경향이 덕행과 문벌 중시였는데 그는 재능이 뛰어나고 나라와 군대를 다스리는 재주만 있다면 출신이 보잘 것 없어도, 유가의 경전을 몰라도, 어질거나 효행이 뛰어나지 않아도, 또 좋지 않은 명성이 있어도 상관하지 않고 대장군 같은 높은 자리에 발탁했다. 문벌귀족이 투항해 오면 있는 힘을 다해 그를 끌어들여 높은 관직으로 회유했다. 이렇게 그는 덕행이라는 표준을 완전히 부정하지 않으면서 인재를 얻는 데 힘을 쏟았다. 반면 충성을 다하지 않는 부하가 발각되면 가차 없이 제거했다. 이로써 '충정 어린 천하의 인사들이 모두 조조에게 기용되기를 원할 정도로' 그에게는 인재들이 넘쳐흘렀다.

조조는 전국 시대 신불해와 상앙商鞅의 법술을 두루 섭렵하는 등 법가 사상에 크게 영향을 받아 공이 없는 신하에게는 벼슬을 주지 않고 싸우지 않는 병사에게는 상을 내리지 않았다. 그는 '난세의 정치는 형벌이 우선'임을 강조했다. 이러한 사상을 기초로 하여 그는 농민들의 반항을 잔혹하게 눌렀다. 동시에 강력한 호족들의 불법 행위에 대해서도 엄격하게 징벌했다. 기주를 평정한 뒤 즉각 명령을 내려 호족들을 징벌한 일은 그 좋은 예로 꼽을 만하다.

조조는 시가에도 조예가 깊었다. 그가 지은 '해로행薤露行', '호리행蒿里行', '보출하문행步出夏門行' 등은 모두 힘이 넘치고 기세가 등등하면서도 비장함이 넘치는 뛰어난 작품이다. 그는 문인들을 장려하고 그들과 친분을 가지려고 애썼다. 그 결과 조조 주위에는 당대의 뛰어난 문인들이 모여들어 이른바 '건안문학建安文學'이 탄생했다.

　조조에 대한 평가는 역사적으로 비난과 칭찬이 뒤섞여 있다. 1950년대에서 1960년대에 이르기까지 역사학계는 조조의 공과 및 그를 다시 들추어내는 것이 옳은가 하는 문제를 둘러싸고 한바탕 논쟁을 벌인 바 있다. 그때의 논쟁은 대체로 다음 몇 가지 문제에 집중되어 있었다. 우선 황건 기의를 진압한 조조의 공과 문제이다. 둘째는 북방 통일에 대한 평가이다. 셋째는 조조가 어떤 사회 계층의 이익을 대표했는가 하는 문제이다. 혹자는 조조의 이미지가 후대 학자들의 왜곡으로 인해 그 역사적 공적이 과실에 비해 지나치게 크게 평가되었기 때문에 바로잡아야 마땅하다고 보았다. 최근 연구가 활발해지면서 사학계의 평가는 조조가 역사상 여러 방면에서 많은 공을 남긴 걸출한 인물이라는 경향으로 기울고 있다.

　역사와 시정의 평가를 떠나 조조의 인재관만큼은 누구나 인정하는 부분이다. 조조가 남긴 시에서도 그의 생각을 확인할 수 있는데 '단가행短歌行'이란 시의 다음 구절이 특히 유명하다.

산불염고山不厭高

해불염심海不厭深

주공토포周公吐哺

천하귀심天下歸心

조조의 무덤 조조의 유언대로 박장으로 확인된다.

산은 아무리 높아도 만족할 줄 모르고,
바다는 아무리 깊어도 만족할 줄 모른다.
주공이 먹던 것을 토하니
천하의 민심이 그에게 돌아섰다.

이 시는 주나라 건국의 일등 공신인 주공周公의 일화를 빌린 것이다.
주공은 인재를 중시하기로 천하에 명성이 자자했는데, 밥을 먹는 도
중에 손님이 찾아오면 먹던 것을 뱉고 손님을 맞이했다. 식사 도중
세 번이나 손님이 찾아왔는데 그때마다 먹던 것을 뱉고 맞이했다는
일화에서 '일반삼토포一飯三吐哺'라는 고사성어가 나왔고, 조조는 이 고
사를 변형하여 '주공토포'라는 네 글자로 압축했다.

조조는 죽기 전 자신의 무덤을 여러 개 만들었다고 한다. 72개를 만들었다는 설도 있다. 도굴을 방지하기 위해서라는데, 실제 조조의 무덤을 보면 도굴할 것이 없을 정도로 박장薄葬이다.

그런데 삼국 시대 최고의 정치가 조조가 죽기 전에 남긴 유언은 우리가 흔히 생각하는 조조의 모습과는 전혀 다른 면모를 보여 주고 있어 꽤 흥미롭다. 진晉나라 육기陸機가 쓴 『조위무제문弔魏武帝文』 서문에 인용된 조조의 유언 중 일부를 보면 '내 향을 여러 부인에게 나누어 주어라'라는 대목이 나온다. 여기서 '분향分香'이란 말은 훗날 임종을 앞둔 사람이 남은 가족을 염려하는 마음을 가리키는 단어가 되었다. 천하를 호령하던 인물이었던 조조의 유언은 진짜 그가 맞나 싶을 정도로 꼼꼼하게 가족과 처첩을 하나하나 챙기고 있었다. 이릉 전투에서 패해 울화통으로 죽은 유비나, 심각한 후계자 문제를 남겨 두고 천수를 누리다 간 손권의 죽음에 비해 조조의 죽음은 대단히 인간적이다. 문학을 사랑했던 조조의 섬세함과 담백함이 유언에도 잘 나타나 있다고나 할까? 죽음 앞에서 누구보다 겸손했던 조조의 새로운 면모를 확인할 수 있다.

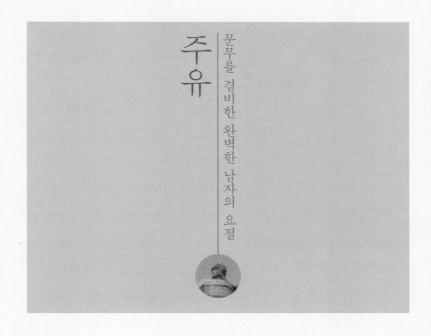

주유 문무를 겸비한 완벽한 남자의 요절

주유는 중국 역대 남성들 중에서 문무를 겸비한 가장 멋지고 완벽한 남자로 꼽을 만하다. 영화 '적벽대전'에서도 주유는 거의 완벽한 남성으로 묘사되고 있다.

주유는 동한 말기 동오의 군주 손책孫策, 손권孫權과 함께 풍운이 몰아치는 삼국 시대를 주도했던 유명한 장수이다. 자는 공근公瑾이고, 여강廬江 서현舒縣(지금의 안휘성 여강 서남) 사람이다. 대대로 관료 집안이었고, 손권의 형님 손책과 나이가 같아 어려서부터 서로 잘 어울렸다. 24세에 손책에게 몸을 맡기니 사람들은 그를 주랑周郎이라 불렀다. 손책과 주유는 당대 최고의 미인으로 알려진 교공橋公의 두 딸을 각각

영화 '적벽대전' 속의 주유 모습

아내로 맞아들였는데, 손책은 대교
大橋를 주유는 소교小橋를 아내로 맞
았다.

건안 5년인 200년 손책이 피살
당하자 주유는 장례에 관한 모든
일을 나누어 관장하면서 손권을 보
좌했다. 얼마 뒤 조조가 원소의 세
력을 격파하고 손권에게 아들을 인
질로 보내라고 요구했다. 신하들이
머뭇거리며 결단을 못 내리자 주유
는 강동의 유리한 조건을 분석하여
조조의 요구를 거절하고 강남을 거점으로 군사력을 길러 상황 변화
를 관망하면서 주도권을 잡으면 이런 수모는 당하지 않을 것이라고
건의했다.

건안 13년인 208년 유종이 형주 땅을 가지고 조조에게 항복했다.
여세를 몰아 조조는 대군을 동원해서 강릉에서 물길을 따라 동으로
내려왔다. 신하들은 모두 두려워하며 항복하라고 권했다. 그러나 주
유는 수천 리나 되는 강동 지방의 지세를 분석하고 정예병과 풍족한
군량이 확보되어 있는 상황을 들며 신하들의 주장을 반박했다. 그러
면서 조조 군대의 이런저런 모순과 약점을 분석하고 저항해야 한다
고 주장했다. 노숙魯肅도 주유를 거들었다. 손권은 주유의 건의를 받아
들이는 한편, 좌우도독을 맡겨 3만 군사를 거느리고 유비와 연합하

여 공동으로 조조를 막도록 했다.

이 무렵으로 남으로 내려온 조조의 군대는 전염병에 시달리고 있었고, 초전에 작지만 패배를 맛보고 있던 차였다. 이에 조조의 군대는 강 건너편 강북 오림烏林에 진을 치고 주둔했다. 주유의 부장 황개黃蓋는 화공계火攻計를 건의했다. 그러고는 일부러 조조에게 항복하는 척하면서 장작과 기름을 잔뜩 싣고 장막으로 가린 전투함 10척을 거느리고 조조의 군영에 접근하여 바람을 살펴 불을 질렀다. 조조의 전함과 강가에 설치한 군영이 순식간에 잿더미로 변했다. 이때 주유가 이끄는 주력군이 벼락같이 쳐들어가니 조조는 대패하여 북으로 퇴각했다. 이것이 바로 적벽赤壁대전이다. 이 전투로 주유는 편장군에 영남군태수로 승진했다.

주유는 손권에게 익주의 유장을 공격하여 익주를 얻고 한중의 장노를 병합한 다음, 양주의 세력을 연합하여 조조를 토벌하면 북방을 통일할 수 있을 것이라고 건의하였다. 그의 의견이 받아들여져 주유는 이를 실행에 옮기기 위한 준비에 착수했으나 병으로 세상을 떠났다. 그때 그의 나이 36세였다. 주유가 죽자 손권은 소복을 입고 매우 슬퍼했다.

소설 『삼국지연의』에서는 '적벽대전'을 승리로 이끈 주인공을 동남풍을 빌리는 등 신출귀몰한 제갈량으로 묘사하고 있다. 하지만 실제 역사에서는 주유에게 가장 큰 공을 돌리고 있다. 그는 주도면밀한 전략과 전술로 조조의 대군을 물리쳤고, 또 삼국을 통일할 원대한 방략을 품고 있었던 대장부였다. 만약 주유가 요절하지 않았더라면 삼

주유의 석상 적벽대전 유적지에 세워져 있다.

국의 정세는 어떻게 바뀌었을지 모를 일이다.

주유의 문무 겸비는 음악 분야에서 여실히 드러나는데, '(곡이 틀리면) 주랑(주유)이 돌아다본다'는 '곡유오^{曲有誤} 주랑고^{周郎顧}'라는 고사성어와 노래가 전할 정도였다. '주랑식곡周郞識曲'이라고도 하는데 이 고사는 주유의 매력을 가장 잘 보여 주는 말이기도 하다.

그는 젊어서부터 음악에 조예가 깊어 연주가 조금만 이상하거나 틀려도 반드시 알아듣고는 고개를 돌려 연주자를 보았다고 한다. 여기서 '주랑이 뒤돌아본다' 또는 '주랑이 곡을 알다'는 말이 비롯되었으며 아무리 술이 취해도 곡이 틀리면 어김없이 지적해 냈다고 한다. 정사『삼국지』에도 기록이 나오는 걸 보면 주유가 음악에 대한 조예가 깊었음은 사실인 것 같다.

주유의 요절과 관련해서는『삼국지연의』의 기록을 보자.

주유가 갑자기 마음에 한 가지 일이 생각났는지 큰 소리를 지르며 뒤로 넘어져서는 입으로 선혈을 토했다. 여러 장수들이 황급히 달려와 부축하여 일으켜 세웠지만 진작에 인사불성人事不省이 되어 있었다.

대개는 전에 당한 부상이 도져 죽었다고 하는데 이 글을 보면 주유에게 평소 지병이 있었을 가능성도 배제할 수 없을 듯하다.

주유는 병석에서 젊은 주군 손권에게 편지를 써서 "사람은 태어나 한번은 죽기 마련이니 지금 제가 명이 짧아 이렇게 가지만 아쉬운 것은 없습니다. 다만 저 자신의 작은 뜻을 실현하지 못하고 가는 것이 한스러울 뿐이고, 장군(손권) 밑에서 충정을 다할 수 없는 것이 한스러울 뿐"이라며 조조와 유비가 동오를 호시탐탐 노리는 상황을 걱정하면서 노숙을 자신의 후임으로 추천했다. 그러면서 동오 문무 대신들의 화합을 강조하고 "사람이 죽으려 할 때는 그 말도 폐부(肺腑)에서 나옵니다. 제 건의에 취할 것이 있다면 이 주유 죽어도 여한이 없습니다"라고 말을 마쳤다.

실질적인 유서나 마찬가지인 이 편지에서 주유는 자신의 죽음을 예감하고 죽음을 담담하게 받아들이는 한편 동오에 대한 일편단심과 예민한 정치 군사적 식견을 보여 준다.

문무를 겸비한 미남에, 음악에도 정통하고 게다가 당대 최고 미인을 아내로 맞이했던 주유는 남부러울 것 없는 완벽한 남자였다. 그러나 36세의 나이에 요절했다. 젊은 나이에 죽음을 예감하면 신을 원망할 법도 한데, 그는 자신의 운명을 나라를 위한 걱정으로 대신하고 있다. 적벽대전을 승리로 이끌었던 그의 진면목이 손권에게 남긴 마지막 유서에서도 잘 드러난다.

반악

천하제일 미남자의 기구한 최후

반악은 외출할 때마다 그의 외모에 반한 장안의 뭇 여성들이 던진 과일을 한 수레 가득 싣고 왔다는 '척과영차^{擲果盈車}'라는 고사성어의 주인공이다. 천하제일의 미남으로 불리며 반안^{潘安}으로 널리 알려져 있다. 그는 서진^{西晉} 시대 하남 출신으로 용모가 출중했을 뿐만 아니라 성품도 훌륭했다. 어릴 적부터 문장이 뛰어나 '기동^{奇童}'이라 불리었으며 20세 무렵 진 무제 사마염^{司馬炎}에게 올린 찬양 글이 최고로 꼽혀 다른 신하들의 질투를 사 조정에서 쫓겨났다.

이후 반악은 10년 가까이 실의의 나날을 보내다 마침내 관리로 기용되어 하양현의 현령 등을 지내면서 많은 실적을 쌓았다. 하양현 현

반악의 수레에 과일을 던지는 여성들
반악이 외출하면 여성들이 거리로 쏟
아져 나와 그의 수레에 과일을 던지며
환호했다고 한다.

령을 지닐 때는 현에 복숭아나무를 두
루 심었는데 사람들이 '하양현의 꽃'
이라 불렀다. 반악은 20년 가까이 여
기저기 옮겨 다니며 벼슬을 살다가 50
세 무렵인 296년에 낙양으로 돌아와
54세로 생을 마감했다.

　가는 곳마다 여성들의 열렬한 사랑
을 받았던 반악의 삶은 그 외모와는
달리 순탄치 않았다. 미인박명美人薄命이
란 말이 있듯이 미남의 삶도 기구한 모양이다. 그런데 반악은 예상
과는 달리 애정에 관한 한 대단히 보수적이고 순수했다. 그렇게 많은
여성 팬들을 몰고 다녔지만 정작 그 자신은 담담했다. 그리고 아내에
대한 애정이 지극하였다.

　그의 아내는 반악과는 비교가 안 될 정도로 명문 집안 출신이었다.
집안을 극히 중시했던 당시 풍습에서는 반악이 명문가의 여자를 아
내로 맞이할 가능성은 거의 없었다. 그런데 반악의 외모와 재능에 반
해 자진해서 반악에게 시집온 것이다. 반악은 이런 아내를 극진히 아
꼈다. 살아서는 물론 아내가 먼저 세상을 뜬 뒤에도 변치 않는 애정
을 보였다.

　52세 때 아내가 세상을 떠나자 이듬해 반악은 죽은 아내를 그리워
하는 추모의 시인 '도망시悼亡詩'를 세 편 지었는데, 중국 문학사에서
'도망시'의 선구로서 높은 평가를 받고 있다. 당시 여성의 지위를 생

164

각하면 반악의 '도망시' 이전에는 죽은 아내를 추모하는 작품이 거의 없었다. 반악의 '도망시'는 문장력이 뛰어나고 아내를 사랑하고 그리워하는 마음이 잔뜩 묻어나는 점이 눈길을 끈다.

　반악이 지은 '도망시' 한 수를 감상해 보자.

임염동춘사(荏苒冬春謝)　한서홀류역(寒暑忽流易)
지자귀궁천(之子歸窮泉)　중양영유격(重壤永幽隔)
사회수극종(私懷誰克從)　엄류역하익(淹留亦何益)
민면공조명(僶俛恭朝命)　회심반초역(迴心反初役)
망려사기인(望廬思其人)　입실상소력(入室想所歷)
유병무방불(幃屏無髣髴)　한묵유여적(翰墨有餘跡)
류방미급헐(流芳未及歇)　유괘유재벽(遺挂猶在壁)
창황여혹존(悵怳如或存)　주황충경척(周遑忡驚惕)
여피한림조(如彼翰林鳥)　쌍서일조척(雙栖一朝隻)
여피유천어(如彼遊川魚)　비목중로석(比目中路析)
춘풍연극래(春風緣隟來)　신류승첨적(晨霤承檐滴)
침식하시망(寢息何時忘)　침우일영적(沈憂日盈積)
서기유시쇠(庶幾有時衰)　장부유가격(莊缶猶可擊)

세월 끊임없이 흘러 겨울 봄 바뀌니, 추위와 더위가 문득 흐르듯 바뀌네.
그댄 황천으로 돌아가니, 깊은 땅이 저승길을 가로막는다.

내 슬픔 누가 따를 수 있으며, 오래 더 머문들 또 무슨 소용 있으리?

부지런히 조정 명령 받들어, 마음 돌려 처음 내 할 일로 돌아오네.

그러다 집을 보니 그 사람 생각이 또 나, 방으로 들어가 지난날 생각한다.

휘장과 병풍엔 그대 자취 없으나, 쓰다 만 편지에 흔적 남아 있구나.

감도는 향기 아직 다하지 않고, 남은 물건 아직 벽에 걸려 있네.

멍하니 혹 살아 있나 해서, 방황하다 근심 속에 놀라네.

저 숲을 나는 새처럼, 쌍으로 살다 하루아침에 혼자 되고.

저 내에서 헤엄치는 고기처럼, 비목어 길 가운데서 갈라졌네.

봄바람 틈을 쫓아 들어오고, 새벽 낙숫물 처마에 맺혀 방울지네.

잠을 잔들 한시라도 잊으리, 깊은 수심 날마다 쌓이니.

바라건대 언젠가는 이 슬픔이 다해, 장자 두드렸던 대야 나도 같이 두드릴 수 있겠지.

반악은 외모는 물론 일편단심 한 여인만을 사랑했던 좋은 남자라 할 수 있다. 하지만 그의 인생 역정은 그의 외모처럼 사람들의 부러움을 살 만한 것이 못 되고, 오히려 비극적이었다 할 수 있다.

반악은 뛰어난 재주에도 불구하고 오랫동안 기용되지 못하다가 뒤늦게 당시 실세였던 황후 가남풍賈南風과 그 조카 가밀賈謐을 우두머리로 하는 가씨 집단에 몸을 맡겼다. 이때부터 추잡한 정치판의 소용돌이에 휘말린다.

당시 가 황후는 태자를 폐위시키려고 했는데, 불행하게 반악이

이 음모에 걸려들었다. 태자가 술에 취한 틈에 가 황후는 반악을 시켜 귀신에게 올리는 문장을 짓게 하고 태자에게 이 문장을 그대로 베끼게 했다. 반악은 태자가 쓴 문장을 보고 그의 필체를 흉내 내서 역모의 문장을 썼고, 태자는 결국 폐위되어 생모와 함께 죽음을 맞았다. 반악의 붓이 칼로 변한 순간이었다.

반악의 초상화　초상화를 보면 그가 천하제일의 미남자였는지 고개를 갸우뚱하게 한다.

　반악은 이 음모의 주동자는 아니었지만 그가 가담한 것은 확실했다. 8왕의 난이 마무리되어 조왕 사마륜司馬倫이 정권을 탈취하자 바로 반악을 잡아들여 처형하고 삼족을 멸했다. 반악이 예전에 사마륜의 친구인 손수孫秀에게 밉보인 것이 크게 작용했기 때문이다.

　반악의 일생을 종합해 보면, 재능·미모·애정 그리고 정치적 죄악이 뒤섞여 있는 복잡한 삶을 살았다. 하지만 훗날 사람들은 그의 출중한 외모만을 기억하는데 이는 그를 매우 단순하게 보는 것이다. 수많은 미남자들 중에서 그가 많은 사람들의 마음을 흔들 수 있는 것은 어쩌면 그의 외모에 가려진 재능과 순수한 애정 때문이 아닐까?

위개

잘생긴 외모 때문에 죽음에 이르다

반악과 더불어 위진 시대의 최고 미남자로 꼽히는 인물로 위개가 있다. 위개의 인생 또한 반악 못지않게, 아니 어쩌면 반악보다 더 기구했다고 할 수 있다. 위개의 인생 역정에 관해서는 『세설신어世說新語』「언어言語」편 등에 단편적으로 나온다. 여기서 위개는 우리가 흔히 '만감萬感이 교차交叉한다'라고 말하는 '만감교차'의 원전인 '백감교집百感交集'이란 유명한 고사성어를 남긴다.

위개는 진晉 회제懷帝 때 태자의 시종관인 태자세마에 임명되었다. 당시 정치적 상황은 흉흉하기 이를 데 없었다. 급기야 309년 북방 흉노 세력의 하나인 유유劉裕가 침공하여 시국은 큰 혼란에 빠졌다. 난을 피하기 위해 위개는 벼슬을 버리고 가족들을 남방으로 옮기기로 했다. 하지만 원체 병약하여 피난길이 여간 고역이 아니었다. 천신만고 끝에 장강을 건넜는데 지칠 대로 지친 위개는 식솔들에게 이렇게 탄식했다.

"이 망망한 장강의 물을 보니 마음속에 온갖 생각이 겹친다.* 감정이 있는 사람이라면 뉘라서 이런 심사와 느낌을 떨칠 수 있으리오."

간신히 강남으로 피신했지만 위개는 편한 생활을 보내지 못했다. 아내가 먼저 세상을 떠나자 당시 도읍이었던 건강建康(지금의 남경)으로 다시 돌아왔지만 312년 27세의 젊은 나이로 세상을 떠났다. 재주 많고 잘생겼던 위개는 때를 못 만난 데다 병약하여 제명을 다하지 못했다. 눈을 감는 순간에도 많은 생각들이 그의 섬세한 마음을 어지럽혔을 것이다.

잘생긴 남자들이 많은 사람들의 눈길을 끌며, 보는 즐거움을 선사했지만 동시에 번거로운 일도 적지 않았고, 심지어 황당무계한 사건까지 벌어졌다. 『세설신어』「용지容止」편에 보면 위개가 자신의 외모 때문에 비극적인 일을 당한 일화가 나온다.

위개의 외모는 구슬이나 옥에 비유될 만큼 대단했다. 그래서 잘생긴 남자를 '벽인璧人' 또는 '옥인玉人'이라고 한다. 한번은 위개가 양이 끄는 수레를 타고 외출했는데 수많은 사람들이 그의 얼굴을 보려고 몰려들어 위개가 빠져나가지 못할 정도로 겹겹이 에워싸는 통에 놀

• 백감교집百感交集

여불위 장사꾼인 여불위는 외모의 무상함에 대해 명언을 남겼다.

란 위개가 그 자리에서 혼절하고 말았다. 간신히 부축을 받고 집으로 돌아오긴 했는데, 이때 놀란 일로 시름시름 앓다가 얼마 뒤 세상을 떠나고 말았다. 그때 그의 나이 27세였다. 이 일화에서 '간살위개看殺衛玠'라는 고사성어가 유래했다. '눈으로 보는 것만으로 위개를 죽였다'는 뜻이다. 잘생긴 외모 때문에 죽음에 이른 어처구니없는 비극이었다.

우리는 지금 누가 뭐라 해도 외모 지상주의 시대에 살고 있다. 여자든 남자든 잘생기고 예쁘면 무엇이든 용서된다는 어처구니없는 말까지 공공연히 유행한다. 1,700여 년 전 위진 시대에도 외모를 중시하는 풍조가 만연했다. 하지만 당시는 외모는 물론 외모를 뒷받침하는 실력과 지조를 함께 강조했다. 위개는 광적인 자신의 팬들 때문에 놀라서 죽었지만 오늘날 이런 미남자는 없을 것이다. 그런데 가만히 생각해 보면 잘생긴 외모에 대한 근원 없는 열광이 어쩌면 우리 영혼의 허전함을 드러내는 것은 아닐까? 단 걱정되는 것은 외모의 아름다움이 시들고 열광이 사라지면 미남자들의 영혼은 갈 곳이 없다는 점이다.

진시황의 생부였다는 여불위^{呂不韋}는 2천 년 전에 이미 이런 이치를 깨달았는지 '미모로 사람을 섬긴 자는 그 미모가 시들면 사랑도 시드는 법이다[●]'라는 명언을 남겼다.

● 이색사인자^{以色事人者} 색쇠이애이^{色衰而愛弛}

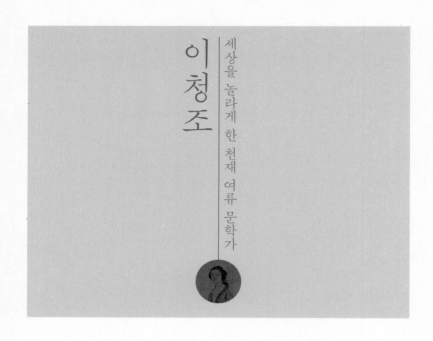

이청조

세상을 놀라게 한 천재 여류 문학가

송나라 때 여류 문학가 이청조는 뭇 남성들과 비교해도 뒤떨어지지 않는 훌륭한 작품을 남겼고, 그것이 두고두고 사람들의 심금을 울려 문학사적으로 그녀의 위치는 확고하다. 호는 이안거사^{易安居士}이다.

이청조는 산동성 제남^{濟南}에서 태어났으며 북송에서 남송으로 넘어가는 격변기에 살았다. 예부원외랑 벼슬을 지낸 산문가이자 학자인 아버지 이격비^{李格非}와 책을 좋아했던 어머니 왕씨 사이에서 다복한 어린 시절을 보냈다. 재상을 지낸 조정지^{趙挺之}의 아들 조명성^{趙明誠}을 만나 사람들의 부러움과 축복을 받으며 결혼해 꿈같은 결혼 생활을 보냈다. 허나 시아버지와는 정치적으로 전혀 다른 길을 걸었고, 이 때문

금슬이 좋았던 이청조와 남편 조명성을 나타낸 조형물

에 출세에 목을 맸던 시아버지는 며느리를 질투하고 배척했다.

이청조는 어려서부터 아버지의 세심한 배려를 받으면서 여러 방면에서 재능을 보였으며 특히 글에서 남다른 성취를 이루었다. 어린 시절 대명호로 놀러 갔다가 집에 돌아가는 것도 잊은 채 자연풍광에 흠뻑 취해 밤늦게 황급히 배를 타고 귀가하던 경험을 회고한 '여몽령^{如夢令}'은 당시 통념이었던 봉건적 여성의 굴레를 벗어던지고 대자연의 넉넉한 품과 호방한 기개를 노래한 그녀의 대표작이다.

눈앞에 삼삼해라,
시냇가 정자에 황혼이 깃들 무렵
만취하여 돌아갈 길 잊던 일.

흥이 다해 저녁배 타고 돌아오다
우거진 연꽃 속에 길 잃고 헤맸거니
뱃길을 찾다 찾다
해오라기 놀래켜 날렸어라.

　하지만 수상한 시절은 그녀의 달콤한 인생을 송두리째 바꾸어 놓았다. 1127년 금나라가 침입하자 송나라는 황제부터 짐을 싸서 남쪽으로 도망쳤다. 그녀도 남편과 함께 남방으로 피했다. 이때 이청조는 적을 보기만 하면 도망치기에 여념이 없던 황제를 비롯한 조정 지배층의 비겁함을, 강동으로 돌아가 재기하라는 지지자들의 애원을 물리치고 의연하게 자결을 택한 서초패왕 항우에 빗대어 호되게 나무라기도 했다.

살아서 호걸이더니
죽어서도 저승 영웅이 되었구나.
지금도 항우를 생각하노라면
강동으로 되돌아갈 마음 없으리!

'항우'를 새긴 조형물　고종과 지배층의 도망을 조롱한 시이다.

　이청조는 난리통에 남편과 함께 공들여 수집했던 글과 그림 그리고 귀중한 금석문을 대부분 잃어버렸다. 설상가상으로 남편마저 병으로 세상을 떠나면서 그녀는 항주, 월주, 금화 일대를 떠돌다가 고독하게 인생을 마감했다. 만년의 작품 '성성만聲聲慢'은 이런 그녀의 심경을 잘 드러낸 걸작으로 꼽힌다.

찾고 찾고 또 찾지만
냉랭함과 스산함뿐
처량하고 비참하고 외로워라.
잠깐 따뜻하다 금방 추워지니
몸 편히 보전키 어려우리.
두 잔 석 잔 맑은 술 마시지만
슬픔 어찌 감당할꼬!
저물수록 바람만 매서워라
기러기 날아가네.
이내 맘 너무도 아프게 하지만
그래도 옛 시절 서로 알았었지.

온 땅에 국화꽃잎 쌓이더니
너무도 초췌히 변했구나!
이제 어느 뉘가 너를 딸꼬?
창가에 지켜 앉아
홀로 어이 저문 날을 보낼까?
오동잎에 가랑비 내리더니

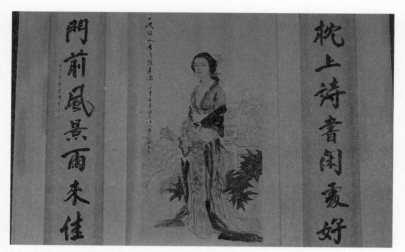
이청조의 모습을 그린 그림

황혼이 되어도

두둑두둑 두둑두둑.

이때라

어찌 근심 '수(愁)' 이 한 자를 견디리오!

이청조의 인생은 전반기와 후반기가 너무나 극적으로 갈린다. 하지만 그녀가 남긴 작품들은 언제 지은 것이든 늘 감상하는 사람의 마음을 흔들어 놓는다. 그래서 어떤 작가는 "이 여인은 붓을 안 들면 그만이요, 일단 들었다 하면 반드시 세상을 깜짝 놀라게 했다"고 하면서 "단정하고 아름다운 그녀의 목습은 북송이 멸망하기 전 세기말 문단에 잠깐 비춘 서광이나 다름없었다"고 평했다.

세상이 용납하지 않는 것들 중 가장 대표적인 것이 남보다 뛰어난 재능이자 시대를 앞서가는 사고이다. 그녀는 시대를 잘못 타고난 죄로 어디서 어떻게 죽었는지 모르게 사라졌다. 수려한 미모에 남성들을 기죽이기에 충분한 빼어난 시를 지었던 그녀는 자신의 재능을 절반도 보여 주지 못한 채 역사의 뒤안길로 사라졌다. 하지만 훗날 그녀는 만인의 사랑을 받는 문학가이자 예술가로 재탄생했다. 시대는 이청조의 삶을 좌절시키고 고달프게 했지만 그러한 심정을 작품으로 표출하여 승화시킴으로써 영원한 삶을 얻었다.

악비

청나라 건륭 때(1736~1795)에 장원급제한 항주 사람 진간천^{秦澗泉}은 송
나라 때의 명장 악비가 잠들어 있는 악왕묘^{岳王墓}를 찾아 다음과 같은
시를 남겼다.

　　사람들은 송나라 이후부터 회^檜라는 이름을 부끄러워했고,

　　나는 지금 그 무덤 앞에서 진^秦이라는 성에 참담해하는구나.

　1142년 명장 악비가 풍파정^{風波亭}에서 아들 악운^{岳雲}과 함께 억울하게
처형당하고 약 600년이 지난 청나라 때 장원급제한 젊은이가 악비의

무덤을 찾아 왜 이런 시를 읊었을까? 이 젊은이는 바로 과거 악비를 모함해 죽이는 데 앞장섰던 간신 진회秦檜의 후손이었다. 진간천은 악비 무덤 앞에 무릎을 꿇고 있는 진회의 부부상을 보며 치밀어 오르는 수치심과 감정을 참지 못하고 시를 지어 자신의 참담한 심경을 전했던 것이다.

충신 악비는 처형당하고, 간신 진회는 이후로도 부귀영화를 누리다 죽었지만 역사는 진회의 죄상을 잊지 않고 있었다. 그래서 악비의 무덤 앞에 무릎을 꿇고 있는 진회 부부의 철상을 만들어 놓았다. 영원히 악비에게 사죄하고 역사에 사죄하고 민중에게 사죄하라는 엄벌인 셈이다. 역사의 법정에서 공소시효란 있을 수 없다.

1133년 소흥紹興 3년 악비는 대군을 이끌고 빼앗긴 땅과 성을 차례로 수복하여 금나라의 간담을 서늘하게 만들었다. 특히 주선진朱仙鎭 전투에서 대승함으로써 금나라의 사기를 크게 떨어뜨렸고, 부장마저도 악가군岳家軍의 칼날에 쓰러졌다. 금나라의 장수 김올술金兀術은 싸울 의욕을 잃고 그저 안전하게 북방으로 돌아가기만 바랐다. 그러나 악비는 "자, 여러분과 함께 통쾌하게 마시리라"며 곧장 금나라 수도 황룡부黃龍府로 돌진하리라 맹세했다. 당시 백성들도 스스로 무기와 식량을 챙겨 "산을 뒤흔들기는 쉬워도 악가군을 뒤흔들기는 어렵다"라고 함성을 지르며 너나없이 악가군을 따라 참전했다.

그러나 진회는 금나라 군대가 무너지면 지금까지 다져 온 자신의 권력 기반에 영향을 미치지 않을까 두려워했다. 또 금나라에 잡혀 간 휘종徽宗과 흠종欽宗이 정말로 되돌아오는 날에는 간신히 얻은 황제 고종^{高宗}의 총애를 잃게 될까 봐 두려웠으며, 악비가 자신의 명성과 지위를 뛰어넘을까 겁이 났다. 진회는 고종을 종용해 비상사태 때나 내리는 12도^道 금패^{金牌}까지 발동하여 악비의 회군을 재촉했다. 그리하여 10년 공들여 쌓은 탑이 하루아침에 무너지고 말았다.

악가군이 회군한다는 소식은 발 없는 말이 천리를 가듯 순식간에 퍼져 나갔다. 이 소식을 들은 백성들은 남녀노소 가릴 것 없이 뛰쳐 나와 악가군 앞을 막아섰다. 백성들은 악비의 말을 붙들고 실성한 듯한 목소리로 통곡했다.

"우리들이 식량을 나르며 악가군을 맞이한 것을 금나라 도적들이 낱낱이 알고 있습니다. 한데 지금 상공께서 떠나시면 우리는 어떻게 하란 말입니까?"

악비는 눈물만 흘릴 뿐 아무 말도 하지 않았다. 악비는 회군하자마자 병권을 박탈당했다.

진회는 그 정도에 만족하지 않았다. 또 다시 위기가 닥칠까 봐 악비에게 이른바 '막수유^{莫須有}' 즉, '혹 있을지도 모르는' (날조한) 모반죄를 씌워 처형했다. 이때 악비의 나이 39세였다.

송나라 고종이 승승장구하던 악비의 군대를 철수시킨 데 대해 어떤 이는 도무지 이해할 수 없다고 말한다. 그 이유는 고종이 타고난 매국노였기 때문이 아니라 악비가 금나라 군대를 꺾고 포로로 잡혀간 휘종과 흠종을 구해 올까 두려웠기 때문이었다. 그렇게 되는 날에는 자신의 황제 자리가 위험했다. 악비가 무고하게 모함을 받아 죽었던 이유는 바로 여기에 있다. 진회와 고종은 서로의 사사로운 이해관

악비의 등에 '정충보국'을 바늘로 새겨 넣는 악비의 어머니의 모습을 그린 그림

계가 딱 맞아떨어졌다.

누군가는 악비의 '충忠'에 이의를 제기하며, 그의 충성은 어리석은 충성이었다고 한다. 그가 송나라 군대의 전력도 생각하지 않고 강경 대응만을 고집하는 바람에 송나라 백성들이 크게 희생되었다는 것이다. 그러나 민중들은 여전히 끊임없이 악비를 칭송하며 일부 사학자의 말은 귀담아듣지 않는다. 그건 악비의 정충보국精忠報國한 '충'이 단순히 조정에 대한 충성이 아니라 조국과 민중에 대한 충성이기 때문이다.

오히려 민중들은 반문한다. 악비가 싸우지 않고 금나라에 굴복했

악비와 아들 악운의 무덤 항주 서호 근처에 사당과 함께 있다.

악비의 무덤 앞에 무릎을 꿇고 있는 진회 부부의 철상

더라면 백성들의 삶이 나아졌을까, 금나라가 송나라 백성들을 자기 백성들처럼 돌보아 주었을까 하고 말이다.

악비의 충은 역사에 의해 테두리가 정해진 것이며, 민중에 의해 인정받은 것이다. 당시 강산은 무너지고, 민중은 끊이지 않는 전란 속에서 살 곳을 잃고 이리저리 헤매었다. 비바람 속에서 그들은 생계조차 꾸리기 힘들었다. 그들은 하루빨리 조국이 회복되어 포근한 집으로 돌아가기를 간절히 원했다. 더 이상 외적의 침략과 유린을 당하지 않기를 두 손 모아 기도했다. 그렇기 때문에 악가군이 가는 곳마다 사람들이 자발적으로 조직을 만들어 양식과 각종 물품을 나르며 악가군을 맞이했던 것이다.

진회는 송나라 고종의 강화 노선에 충실했다. 그런데 왜 진회에 대해서는 '죽어 썩어서도 세상의 비난이 그치지 않는' 걸까? 그 까닭은 그가 고종이라는 군주 개인의 이익을 지키려 했기 때문이다.

고종 일당은 자신들이 편안하게 지내는 데에만 힘을 쏟으며 백성의 생활은 아랑곳하지 않았다. 그래서 역사와 민중은 영원히, 그리고 단호하게 그를 천고의 간신이자 만세의 죄인으로 단정하는 것이다.

풍파정에서 악비는 고종과 진회의 교활한 웃음을 뒤로 한 채 고독하게 죽어갔다. 하지만 역사는 그의 억울한 죽음을 또렷이 기억했다가 단호히 심판했다. 그리고 진회를 비롯한 네 명의 매국노들을 쇳물을 부어 그 형상을 똑같이 만들어 악비 장군의 무덤 앞에 무릎을 꿇리고는 영원히 사죄하게 했다. 나라를 팔고 의로운 사람들을 해친 간신과 매국노들을 향한 준엄한 경고였다. 진간천이 무려 600년이나

지났음에도 자신의 조상이 진회라는 것을 수치스럽게 생각하며 악비 무덤 앞에서 참회의 시를 읊은 것도 역사의 심판이 얼마나 무서운가를 잘 알았기 때문이다.

방효유(1357~1402)는 명나라 초기 제3대 황제 성조^{成祖} 주체^{朱棣}의 정변에 저항하다 십족이 멸하는 화를 당한 인물이다. 자가 희직^{希直}, 호가 손지^{遜志}이며 사람들은 그를 정학^{正學} 선생이라 불렀다. 영해^{寧海}(지금의 절강성 영해) 출신으로 처음에는 대학자 송렴^{宋濂}에게 학문을 배웠다. 명 태조 홍무 25년(1392) 추천을 받아 한중부교수가 되었다. 건문제^{建文帝}가 즉위한 뒤 방효유는 한림시강으로 불려 갔고, 다시 시강학사·문학박사로 승진하면서 황제의 정치 자문에도 여러 차례 응했다. 이때 『태조실록』을 편찬하기도 했다. 방효유의 글로는 『후성집^{侯城集}』과 『손지재집^{遜志齋集}』이 남아 있다.

영락제의 초상화

1398년 명 태조 주원장朱元璋이 죽었다. 맏아들 주표朱標가 1392년 병으로 일찍 죽은 관계로 손자 주윤문朱允炆이 건문제로 즉위했다. 건문제는 취약한 황제의 권력 기반을 다지기 위해 지방에 왕으로 나가 있는 황족들의 세력을 없애는 '삭번削藩' 정책을 시행했다. 이에 건문제 4년인 1402년 북경에 있던 연왕 주체(주원장의 넷째 아들)는 황제 주변의 간신배들을 처단한다는 명분으로 군대를 일으켜 당시 명 왕조의 수도인 남경을 공격했다. 그 사건으로 건문제는 행방불명되었고 주체가 정권을 탈취했다.

입궁한 주체는 보좌에 앉아 방효유에게 정식으로 등극하기 전에 발표할 즉위 조서를 작성하라고 명령했다. 방효유는 끝까지 이를 거부하면서 통곡했다. 그러면서 "죽었으면 죽었지 조서를 기초할 수 없소이다"며 버텼다. 주체는 "구족을 없애겠다"고 협박했다. 이에 방효유는 "십족을 없앤다 해도 내가 어찌 하겠소"라며 주체를 조롱했다. 주체는 방효유의 구족과 친구와 학생들까지 포함하는 십족을 몰살했다. 무려 873명이 연루되어 죽임을 당했다.

방효유와 가족의 죽음은 처참했다. 주체는 칼로 방효유의 입을 귀까지 찢게 하고 사지를 해체하여 취보문聚寶門 밖에다 버렸다. 아내와

두 아들은 자살했고, 두 딸도 남경에 흐르는 진회하^{秦淮河}에 몸을 던졌다.

황자징의 초상화

방효유는 명나라 초기 성조 (영락제) 주체의 정변에 정면으로 반발한 지식인으로, 자신은 물론 십족 몰살이라는 처참한 결말을 맞이했다. 그리고 그의 죽음은 향후 명나라 정치의 암흑상을 예고하는 전주곡이었다.

주체는 일단 삭번을 강력하게 주장한 황자징^{黃子澄} 일당을 그냥 두지 않았다. 아버지 주원장처럼 합법적인 살인을 자행했다. 그때 형사소송법 중의 '과만초^{瓜蔓抄}'라는 조항이 강력한 위력을 발휘했다. 이 말은 오이나 수박 등 넝쿨 작물이 넝쿨을 뻗치듯 사방팔방으로 뻗어 있음을 가리키는 말로 뻗칠 수 있는 곳까지 최대한 관련자들을 잡아들이는 방법이었다. 권력을 쥔 인물이 스스로 멈추지 않는 한 천하의 모든 사람들을 모조리 다 끌어들일 기세였다.

황자징은 당시 제사를 담당하는 장관인 태상경^{太常卿}을 맡고 있었는데, 전 가족과 함께 처형되었다. 국방장관에 해당하는 병부상서 자리에 있던 제태^{齊泰}는 형제와 함께 처형되었으며 재정부 차관격인 호부시랑을 맡고 있던 탁경^{卓敬}도 삼족이 처형되었다. 병부상서 철현^{鐵鉉}은

완고한 지조의 대명사 방효유의 초상화

온몸이 찢기는 책형磔刑을 당했다. 그
리고 '과만초' 수법을 이용하여 체
포가 가능한 식구와 친척 및 친구들,
그리고 친구의 친구들까지 모조리
잡아들여 죽였는데, 그의 고향 마을
사람들이 모두 연루되어 처형되는
바람에 마을이 텅 비었다고 한다. 감
찰부 차관에 해당하는 좌부교어사
左副敎御史 연자녕煉子寧도 찢겨 죽었는데
가족 151명도 함께 처형되었고 수
백 명이 황량한 변경으로 유배당했
다. 전후 1만 명이 넘는 사람들이 불귀의 객이 되었다.

　방효유는 성조 주체의 즉위 조서를 작성하라는 명을 거부한 채 상
복을 입고 대전에서 통곡한 적이 있었는데 이 행동으로 주체 정권의
정통성이 크게 훼손되었다. 방효유의 저항은 끔찍한 결과를 불러일
으켰고 그가 십족이 멸족당하는 화를 당한 뒤로는 더 이상 제왕을 위
해 죽겠다는 지식인이 나타나지 않았다. 이 때문에 훗날 방효유는 안
목이 모자란 고지식한 지식인의 전형이라는 비웃음을 사기도 했다.
하지만 그의 죽음은 칼로 지식인의 신념을 꺾을 수 없다는 생생한 사
례로 남아 있다. 사실 변절을 밥 먹듯이 하는 세태와 비교할 때 그의
죽음은 순진무구하기까지 하다. 하지만 바로 그것 때문에 그의 절개
가 돋보이고 새삼스럽다.

방효유는 죽기에 앞서 다음과 같은 절명시를 남겼다.

　　하늘이 재앙을 내리시니 그 까닭을 누가 알리오.
　　간신이 뜻을 얻어 나라를 꾀하네.
　　충신의 울분이 피눈물이 되어 흐르네.
　　이로 죽으려는데 무슨 다른 목적이 있으리오.
　　오호라 슬프다, 내 죄가 아니겠는가.

　이 시에는 봉건 왕조 체제에서 굽히지 않는 충신의 절개와 꼿꼿함
이 가득 흘러넘친다.

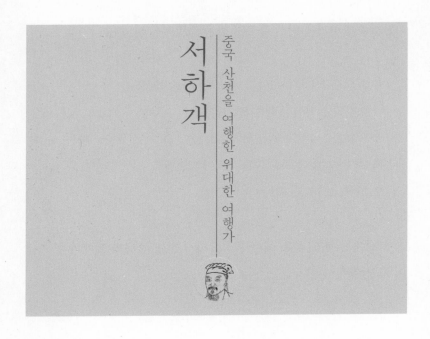

서하객 중국 산천을 여행한 위대한 여행가

서하객은 명나라 말기인 1586년에 강음(강소성 강음)에서 태어나 명나라가 망하기 3년 전인 1641년 56세로 세상을 떠난 중국 최고의 여행가이자 지리학자이다. 원래 이름은 홍조弘祖이고 하객은 친구가 지어 준 호이다.

서하객은 22세 때부터 여행을 시작하여 30년 넘게 중국 전역을 다니며 산천을 조사하고 연구했다. 그동안 몇 번이나 도적을 만났으며 양식이 떨어져 굶기를 밥 먹듯이 하였다. 또 그를 따라나섰던 노복은 겁을 먹고 짐을 싸서 줄행랑을 쳤으며, 그와 함께 여행했던 정문靜聞 화상은 피로로 세상을 떠나고 말았다.

이러한 숱한 난관에도 불구하고 서하객은 뜻을 굽히지 않았다. 그런 서하객을 보고 한 친구가 이렇게 말했다.

"자네는 해 뜨기 전 새벽안개를 짊어진 채 산으로 들어갔다가 해가 진 뒤 저녁 안개를 짊어지고 돌아오니, 이처럼 구름처럼 떠다니는 나그네를 따라 떠돌면 누군들 그 피로에 지쳐 쓰러지지 않을까? 그러니 놀라 도망가지!"

이 말을 들은 서하객은 친구의 말에 일리가 있다고 생각했지만, 그런 열정 없이 어떻게 큰일을 이룰 수 있겠냐고 생각했다. 그리고 친구가 말한 '새벽안개를 지고 길을 떠났다가 저녁 안개를 지고 돌아오는 나그네'라는 말이 마음에 들어 '하객霞客'을 자신의 별호로 삼아 어려움과 위험을 두려워하지 않겠다는 자신의 의지를 나타냈다.

서하객은 병치레가 잦았는데 어떤 때는 병 때문에 길을 걸을 수 없었으며, 만년의 여행에서는 심각한 병을 얻었다. 그래서 여강 지방 태수가 사람을 시켜 가마에 태워 집으로 데려다주었는데 그로부터 얼마 뒤 그는 세상을 떠났다.

중국에서는 그의 여행과 그가 남긴 여행기인 『서하객유기徐霞客游記』를 중국 5천 년 역사 100대 사건의 하나로 꼽는다. 또 그를 두고 '천고기인千古奇人'이라 부르고, 그의 여행기는 '천고기서千古奇書'라 부른다. 그는 '만 권의 책을 읽고, 만 리를 다닌다'는 '독만권서讀萬卷書 행만리로行萬里路'를 실천한 참된 지식인이자 전문 여행가였다. 또한 그가 실제로 약 3만 리(약 12,000km)를 여행한 것으로 추정하고 있다.

정당하지 않은 부귀와 명예 그리고 천박한 인간관계를 싫어했던

아버지의 꼿꼿한 성품을 물려
받은 서하객은 어려서부터 역
사서·지리서·여행기 등을 좋
아했다. 명나라 신종 35년인
1607년 22세 때 서하객은 처
음 집을 나서 여행길에 올랐
다. 그는 먼저 집 주위 태호를
비롯하여 명산을 유람하고 이
후 여행에 완전히 심취해 여
행기를 쓰는 일에 빠졌다. 그
의 여행 기간은 보통 짧으면 2
개월이고 길면 6개월이 넘었다.

위대한 여행가 서하객의 초상화

당시 주요 여행지는 내지의 경제와 문화가 비교적 발전하고 교통
이 편리한 곳에 한정되었다. 탐험의 주요 목적은 역사적 명산을 시찰
하고, 수려하고 기이한 강산의 풍광을 마음껏 감상하는 정도에 머물
러 있었다. 그러나 서하객은 이러한 여행을 통해 산하의 형세를 이해
하고 일부 지리지의 잘잘못을 바로잡는 일에 관심을 가지기 시작했
다. 명나라 때 화산·항산·태산·황산·여산 등은 이미 천하의 명산으
로 이름이 널리 알려져 있었지만 불편한 교통로나 험준한 고개 등으
로 인해 일반적으로 산수를 유람하는 여행자들의 발길이 쉽게 미칠
수 있는 곳은 결코 아니었다. 하물며 서하객처럼 순수한 산수 탐색은
더욱 힘든 일이었다. 때문에 그의 여행 노정은 보통 사람의 발길이

미치지 않는 곳까지 뻗쳤고, 위험하고 신비한 곳일수록 여행의 쾌감을 더욱 느끼면서 끝까지 탐색했다.

1636년은 우여곡절이 많은 해였다. 당시 서하객은 51세였다. 이전까지만 해도 여행 기간이 그리 길지 않았는데 늘 노심초사 그를 기다리는 어머니가 있었기 때문이다. 하지만 어머니가 그해에 세상을 떠나자 서하객은 걱정 없이 먼 곳까지 여행을 떠날 수 있었다. 그해 서하객의 여행길은 고향인 강소를 출발하여 절강, 강서, 호남, 광서, 귀주를 거쳐 가장 먼 곳인 운남까지 이르렀다. 이 여행은 서하객 일생에서 마지막이자 가장 긴 여행이기도 했다.

서하객은 이 여행에서 병을 얻어 끝내 일어나지 못했다. 그는 자신이 여행기를 끝까지 정리할 수 없음을 예감하고 후세 사람들을 위해 누구에게 정리를 맡길지 고민하였다. 그는 먼저 아들 서기徐圻를 떠올렸다. 그러나 서기는 나이가 25세가 되었지만 문장력이 떨어지고 독서량이 많지 않아 이 일을 담당하기는 어렵다고 여겼다. 그래서 몇 명의 친한 친구들을 떠올렸으나 그들은 연로하여 병치레를 하고 있고 다른 일로 바쁘기 때문에 여행기에 신경 쓸 시간이 없을 듯했다.

그러면 누가 좋을까? 그는 고민 끝에 가정교사 이몽량李夢良을 선택하였다. 이몽량은 정직하고 충실하며 인정이 많고 또 문장력이 출중하여 자신이 날려 쓴 글을 알아보는 데 문제가 없을 거라고 판단하였다. 그에게 일을 맡기면 기대하는 만큼 해낼 것이라고 믿었다.

얼마 뒤 서하객은 이몽량을 불러 간곡하게 말하였다.

"내가 다년간 유람을 하면서 매일 일기를 썼다. 그러나 조건이 여

『서하객유기』 중 천태산 유람기 부분　　　『서하객유기』 판본

의치 않아 너무 날려 썼고 산만하다. 내가 현재 병이 이 지경이어서 더 이상 글을 쓸 수가 없다. 자네가 나를 대신하여 이 자료를 정리하여 책으로 만들어 후세 사람들에게 편의를 제공하였으면 하는 생각이다. 자네의 뜻은 어떠냐?"

이몽량은 서하객의 뜻하지 않은 제안에 놀라며 얼른 대답하였다.

"선생님의 유람은 천금을 주고도 사지를 못하는 것입니다. 저는 학식이 부족하고 경험이 적어 이 일을 담당하기가 두렵습니다."

서하객은 거듭 부탁하였다.

"나는 자네의 인품과 학식을 믿는다. 당신 이외에 나는 다른 사람을 찾지 못했다. 그러니 내 마지막 부탁을 들어주기 바란다."

이몽량은 서하객의 눈에 눈물이 글썽글썽한 것을 보고 감동하여 그의 부탁을 받아들이기로 했다.

1641년 초, 서하객은 두 개의 암석 표본을 움켜쥐고 세상과 작별하였다. 마지막 순간 그는 부인과 아들에게 이렇게 말했다.

"나는 조정의 협조를 받아 조국 강산을 돌아다니며 유람하였다. 나는 죽어도 아무 여한이 없다."

그 후 이몽량은 서하객의 생전 유언에 따라 유람기를 정리하였다. 이 기록은 몇 번의 어려움을 겪고 세상에 알려지게 되었다. 후세 사람들은 이 책을 읽고 서하객을 기인이라 부르고 이 책을 기서라 불렀다. 또 어떤 사람은 이 책을 "세간의 진짜 문자, 큰 문자, 기문자"라고 칭찬하였다.

서하객은 산천을 살피고 이를 기록으로 남기는 일에 삶을 바쳤다. 그는 지리과학에 큰 성과를 거두어 서양보다 150~200년이나 앞서 용암지형학과 동굴학 영역을 개척할 수 있게 했다. 그리고 무엇보다 '길이 끊어졌다고 걱정하지 않고, 길을 잘못 들어섰다고 후회하지 않고, 날이 어두워지면 나무와 돌 사이에서 잠을 자고, 배고프면 풀이나 나무의 열매를 먹고, 비바람은 피하지 않고, 호랑이와 이리를 두려워하지 않았던' 서하객의 불굴의 정신이야말로 그가 성공을 이룬 원동력이었다.

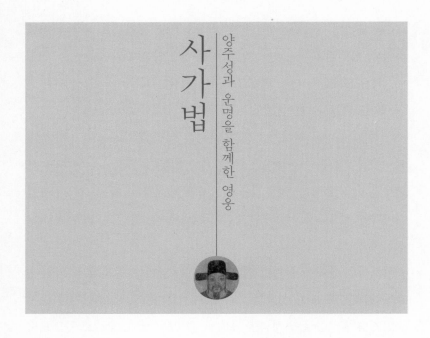

사가법 양주성과 운명을 함께한 영웅

사가법은 명나라 말기의 충신이자 애국 영웅으로 하남 상부^{祥符}(지금의 하남성 개봉) 출신이다. 자가 헌지^{憲之} 또는 도린^{道鄰}이고, 시호는 충정^{忠靖} 또는 충정^{忠正}이다. 숭정^{崇禎} 원년인 1628년 진사에 급제하여 벼슬에 올라 안서부추관^{安西府推官}을 거쳐 호부주사^{戶部主事}로 옮기고, 원외랑^{員外郎}과 낭중^{郎中}을 역임했다.

초기에는 요동호녕^{遼東護寧}으로 있으면서 청나라가 산해관^{山海關}을 넘어오는 것을 막았다. 그 후 각지를 전전하며 반란을 평정하는 데 공을 세웠다. 사가법은 군대의 지휘관으로서 부하들과 동고동락하여 군민의 신뢰를 받았다.

1644년 이자성李自成의 반란군이 수도 북경에 쳐들어왔을 때 사가법은 황제를 호위하는 군대를 모집하여 북경으로 달려갔으나 장강을 건널 무렵 북경이 함락되었다는 소식을 듣고 되돌아갔다. 명나라가 망한 뒤 복명 운동이 일어나 남경에서 복왕福王 홍광제弘光帝가 제위에 오르자 사가법은 병부상서兵部尚書·무영전대학사武英殿大學士에 임명되었다.

사가법 사당의 위패와 초상화 사가법의 얼굴이 검은색이라 그의 초상화와 조상은 대개 검게 표현된다.

홍광제는 무능하고 어리석은 군주였다. 그래서 봉양 총독 마사영馬士英 등은 홍광제의 우매함을 이용하여 남명의 대권을 장악했다. 사가법은 원래 홍광제를 황제로 추대하는 데 반대했으나 내란을 피하기 위해 할 수 없이 동의했다. 그러나 간신 마사영이 권세를 쥐고 흔드는 것을 혐오하여 자진하여 양주揚州 전선으로 나가 군대를 직접 통솔했다.

1645년 청나라의 군대가 양주를 공격했을 때 치열하게 맞섰으나 성이 함락되자 사가법은 끝까지 투항을 거부하다가 결국 양주성에서 살해되었다.

훗날 충정이라 시호가 내려졌다가 청나라 건륭乾隆 때 충정으로 바뀌었다. 저서에 『사충정공집史忠正公集』4권이 있다.

1645년 4월 18일 청나라 예친왕豫親王 도도多鐸가 이끄는 군대가 양주를 포위하여 공격을 퍼부었다. 당시 남명 정권에서 일어난 반란을 진압하러 가던 사가법은 청나라 군대의 진격 소식을 듣고는 군대를 돌렸다. 그리고 긴급 격문을 돌려 각 진의 지휘관들을 양주로 불렀다. 그러나 며칠이 지나도록 아무도 구하러 오지 않아 양주 군민의 힘만으로 양주를 지켜야 하는 상황이 되었다.

양주성에 이른 청나라 장수 도도는 사람을 보내서 사가법에게 투항을 권했다. 연거푸 다섯이나 사람을 보냈는데도 매번 거절을 당하자 잔뜩 독이 오른 도도는 양주성을 겹겹이 포위했다. 양주가 위급해지자 성안의 겁 많은 장수들은 살 길을 찾느라 분주했으며, 이튿날에는 총병과 감군이 군사를 거느리고 성 밖으로 나가 적에게 투항했다. 이로써 양주성의 방어력은 크게 약화되었다. 그러나 성을 끝까지 사수하겠다는 사가법의 결의는 조금도 흔들리지 않았다. 그는 성안의 관리들을 모아 놓고 한마음 한뜻으로 협력하여 적을 막아 내자고 격려하고 각자의 임무를 지시했다.

조금의 동요도 없이 침착하게 지휘하는 사가법에게 장병들은 큰 감동을 받았고 모두 사가법과 함께 목숨을 걸고 양주성을 지키겠다고 다짐했다. 도도는 군사들에게 교대로 양주성을 공격하게 했다. 양주성의 백성들은 결사적으로 청나라 군대의 공격을 물리쳤다. 청나

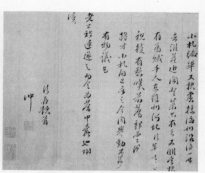

사가법의 글씨

라 군대는 앞줄이 쓰러지면 뒷줄이 앞으로 나오면서 마치 밀려드는 파도처럼 공격을 해 왔다. 상황은 갈수록 위급해졌다.

막강한 전력의 청나라 군대가 양주성을 물샐 틈 없이 포위하자 사가법은 고립무원에 빠져 더 이상 다른 길이 없음을 알았다. 그는 양주와 함께 죽겠다고 결심했다. 그러고는 친지에게 다섯 편의 유서를 남겼다. 그중 한 편은 자신에게 항복을 권유하는 적장 도도에게 남긴 것으로 "패장은 용기를 말할 수 없고, 나라를 저버린 신하는 충성을 말할 수 없다"며 항복을 거부했다.

사가법은 어머니와 가족들에게도 유서를 남겼는데 그중 부인에게는 다음과 같은 짧막하지만 강렬한 유서를 남겼다.

"사가법 죽습니다! 전에 부인과 약속했듯이 황천에서 서로 만납시다. 4월 19일 사가법이 씁니다."

당시 마지막 결전을 앞두고 사가법은 장병들에게 말했다.

"나는 양주성과 함께 운명을 같이하기로 결심했다. 다만 두려운 것

우국충절의 영웅 사가법의 무덤

은 성이 함락되고 혼란 중에 혹시나 포로로 잡히는 경우다. 누가 이
위기 상황에서 나의 절개를 지켜 줄 수 있겠는가?"

그러자 부장 사덕위史德威가 흔쾌히 자신이 맡겠다고 나섰다.

4월 23일, 청나라 군대가 발사한 대포 소리가 성 서북쪽에서 울렸
다. 성벽은 무너지고 청나라 군대가 밀려들었다. 사가법은 자살하려
했으나 때를 놓치고 병사의 호위를 받으며 동문 쪽으로 도망가다가
청나라 병사에게 포로로 잡혔다. 이에 사가법은 큰 소리로 소리쳤다.

"내가 사 독사督師다!"

그 말을 듣고 청나라 군사는 지체없이 사가법을 베었다.

청나라 군대는 양주를 공격하면서 많은 사상자가 났기 때문에 그

200

에 대한 보복으로 양주 백성들을 상대로 무려 열흘에 걸쳐 대도살을 자행했다. 이 사건이 바로 '양주 10일'이다. 기록에 따르면 이때 희생된 사람이 80만 명이 넘는다고 하는데 이는 사가법의 저항이 얼마나 치열했는지를 잘 보여 준다. 또한 사가법이 죽은 뒤 매화령梅花嶺 일대에는 사가법의 군대로 자칭하는 사람들이 많아 사가법이 죽지 않았다는 이야기가 떠돌기도 했다.

　사가법이 죽은 뒤 12일이 지나도 시신을 찾을 수가 없어 다음 해인 1646년 양주 사람들은 매화령에 그의 의관을 묻고 무덤을 조성했다.

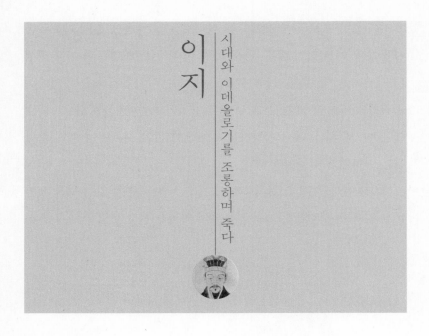

이지

시대와 이데올로기를 조롱하며 죽다

중국 역대 사상계에서 가장 뜨거운 논란이 되는 인물 중 한 사람이었던 탁오^{卓吾} 이지의 생애와 죽음은 큰 반향을 불러일으켰다. 그의 삶은 폐쇄와 강압으로 일관했던 명나라에서 강렬한 한 줄기 빛과 같았고, 그의 죽음은 시대와 그 시대를 숨 막히게 지배했던 이데올로기를 한껏 조롱하는 정말이지 충격적인 사건이었다.

이지는 회족^{回族}으로 본성은 임^林이고, 이름은 재지^{載贄}이나, 뒤에 이지^{李贄}로 개명했다. 자는 굉보^{宏甫}이고, 호는 탁오^{卓吾}, 온릉거사^{溫陵居士}, 백천거사^{百泉居士} 등으로 자처했다. 회족 출신의 회교도 집안에서 성장하였으며 과거에 응시하여 관리 생활을 한 관리이자 사상가이자 문학가였다. 중세 자유학파^{自由學派}의 시조이자 태주학파^{泰州學派}(진정한 의미의 사상계몽 학파)의 1대 종사^{宗師}로 꼽힌다.

이지의 초상화　지금도 오해 받고 있는 사상계의 이단아 이지의 모습이다.

세종 가정 때(1522~1566)에 거시에 합격하여 휘현교유라는 자리를 받아 벼슬을 시작했고, 54세 때 운남성 요안지부^{姚安知府}를 끝으로 관직을 그만두고 호북성 황안^{黃安}의 친구 경정리^{耿定理}의 집에서 살다가 친구가 죽자 호북성 마성^{麻城}의 지불원^{芝佛院}으로 들어갔다.

이지는 지불원에서 자신의 명성을 듣고 찾아온 숱한 제자들에게 강학했고, 그 내용을 묶어 『분서^{焚書}』라는 제목으로 책을 간행했다. 그를 찾아온 제자들 중에는 놀랍게도 여성들이 적지 않았다. 이 때문에 그는 보수적인 사상가와 정부 관리들의 감시 대상이 되었고, 가는 곳마다 온갖 화제와 논쟁을 몰고 다녔다.

보수파들은 물론 진보 성향의 학자들까지 들고일어나 마치 명나라 사상계 전체가 이지를 적대시하는 것 같았다. 완고한 사상계는 끊임없이 비방하고 모함하며 이지를 이단으로 몰았고, 이지는 숨 막히는 사상계로부터 조금이나마 자유롭고자 머리를 깎고 승려가 되었다.

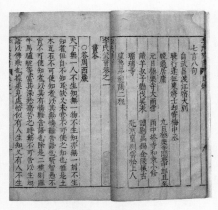
『분서』 판본   이지의 대표적인 저서이다.

그런 다음에도 남녀평등과 같은 극단적 주장으로 사상계를 곤혹스럽게 만들었다.

이지의 사상은 양명학의 창시자 왕양명王陽明(왕수인王守仁)의 수제자인 용계龍溪 왕기王畿와 심재心齊 왕간王艮 이래 양명학파의 좌파인 태주학파에 치우쳐 있었다. 따라서 그는 관료 사회의 이데올로기로 이미 단단히 둥지를 튼 주자학 중심의 송·명 이학理學(성리학)과는 길을 달리할 수밖에 없었다. 이지는 이 학파들이 주장하는 삼강오륜은 사람을 속이는 말에 지나지 않으며, 사람이 먹고 입는 것이 인륜의 핵심이라고 주장했다. 뿐만 아니라 주희가 "하늘이 공자를 낳지 않았더라면 만고 세월이 어두운 밤과 같았을 것이다"라고 말한 것을 두고 "알고 보았더니 하늘이 공자를 내리지 않았더라면 세상이 암흑 천지가 될 뻔했다더군. 그래서 그런지 공자 이전 사람들은 한낮에도 촛불을 들고 다녔다며!"라고 통렬하게 비꼬았다.

그의 주장은 이학이 내세우는 제왕지상주의와 남성지상주의 등과 같은 낡은 도덕규범이 감추고 있는 위선을 질타한 것이자 인간 본래의 모습을 되찾자는 외침이었다. 특히 어린아이의 마음을 지킬 것을 주장한 '동심설童心說'이나 남녀평등 역시 이런 의식에서 나온 것이며,

문학예술이나 희곡 그리고 소설의 중요성을 깨우치도록 한 것 역시 같은 연장선상에 있다고 할 수 있다. 명나라의 살벌했던 이학지상주의와 이데올로기의 강압에 맞서 이를 풍자하고 날카롭게 비판했던 것이다.

만력제 26년인 1598년 봄, 72세의 이지는 북경에 머무르고 있었다. 이듬해 이지는 기전체 사론으로 전국 시대에서 원나라 멸망에 이르는 시기의 역사 인물 약 800명에 대한 전통적 평가와는 사뭇 다른 평론서 『장서藏書』를 다듬었다. 이 책은 성리학과 위선적인 도학의 진부한 언론에 반대하자는 취지에서 쓰였다. 이를테면 진시황을 역사상 단 하나밖에 없는 '천고일제千古一帝'라고 극찬하거나 무측천을 '성스러운 황후'로 묘사하는 것 등이었다.

1599년 지불원이 훼손되어 이지가 북경 통주에 있는 집으로 이사하자 지레 겁을 먹은 조정의 대신들과 유학자들은 그를 두고 '도를 문란하게 하고 세상과 인민을 엉뚱하게 유혹한다'는 억지 주장을 내세워 그를 벼랑 끝으로 몰아갔다. 1600년 이지는 산동성 제녕齊寧에서 자신의 사상적 스승인 왕양명을 위해 『양명선생도학초陽明先生道學鈔』, 『양명선생연보陽明先生年譜』를 엮었다. 이지는 1597년부터 1600년까지 산서, 통주, 제녕, 남경 등지를 떠돌았다. 제녕과 남경에서는 마테오 리치를 두 번 만나 종교에 관해 토론했다. 그리고 그해 마성으로 돌아왔다. 그해 겨울 호광첨사 풍응경馮應京이 '풍속과 교화를 수호한다'는 명목으로 용호龍湖 지불원을 불태우고 또 이지가 화장 후 뼈를 보관할 예정이던 묘탑도 훼손시켰다. 이지는 마성 동북 황벽산黃檗山으로 피했다.

이지의 무덤 북경 외곽에 있다.

1601년 파관어사 마경륜馬經綸이 소식을 듣고 이지를 통주로 맞이하여 연화사蓮花寺에서 머무르게 했다. 이듬해인 1602년 봄 76세의 이지는 자신의 죽음을 예견하고는 죽더라도 입고 있는 옷을 그대로 두라는 유언을 남겼다. 이지에 대한 공격이 더욱 심해졌다. 만력제를 향한 상소문도 끊이지 않았다. 모두 성현의 도를 어지럽히고 선량한 풍속을 해치는 등 혹세무민惑世誣民하는 사악한 자라는 내용이었다. 이지는 결국 투옥되었다.

이지는 옥중에서 다음과 같은 절명시를 남겼다.

내가 지금 죽지 않고 다시 무엇을 기다리겠는가?
일찌감치 황천으로 돌아가길 원할 뿐이다.

3월 15일 이지는 옥리에게 머리카락을 자르겠다며 칼을 달라고 하고는 칼로 자신의 목을 그었다. 피가 솟구쳐 바닥을 적셨지만 이지는 이틀 동안 숨이 끊어지지 않았다. 옥리가 아프냐고 묻자 이지는 자신의 목을 누르며 바닥의 피로 '아프지 않다'고 썼다. 옥리가 왜 자결하냐고 다시 묻자 이지는 "70 넘은 노인이 무엇을 더 바라겠는가"라고 답했다.

3월 16일 자시 마침내 숨이 끊어졌다. 동창 금의위는 황제에게 올린 보고서에서 이지가 먹지 않아 죽었다고 했다. 그리고 이지의 시신은 그를 도왔던 마경륜이 북경 통주 북문 밖 영복사迴福寺 옆에 묻었다.

이지는 마지막 순간에도 '몸과 머리카락 그리고 피부는 부모로부터 물려받은 것이라 함부로 훼손해서는 안 된다'는 송·명 이학의 완고하고 절대적인 교리를 조롱하며 자신의 목을 긋고 죽었다.

이지는 4남 3녀를 두었으나 큰딸을 제외하고 모두 요절했다. 그리고 사후 그의 저서들이 속속 출간되었으나 1625년 모두 금서 조치되었다. 그리고 약 반 세기 뒤 이지를 가장 존경했던 소설가 풍몽룡馮夢龍이 태어나 그의 사상과 문학 작품의 세례를 흠뻑 받아 문학을 통해 사회를 바로 보려고 무던히 애썼다. 그 결과 '삼언三言', 즉 『유세명언喩世明言』, 『경세통언警世通言』, 『성세항언醒世恒言』이라는 걸출한 통속 문학이 탄생했다.

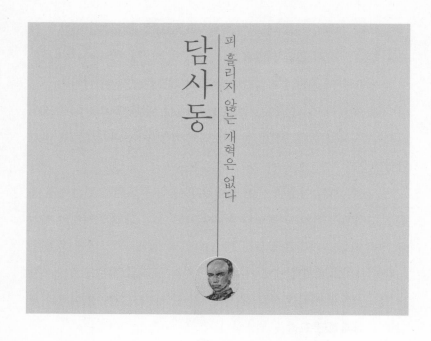

담사동(1865~1898)은 청나라 말기 왕조 체제를 전면 개혁하려 했던 개혁 유신파維新派의 대표적 인물이다. 자는 복생復生, 호는 장비壯飛이다. 호남성 유양瀏陽 사람으로 아버지는 진보적 사상을 지닌 고급 관리였다. 어려서부터 동서양의 학문을 두루 공부했고 불교에도 조예가 깊었다. 1884년 20세에 신강순무 유금상의 막료로 들어갔다. 그 뒤 서북과 동남 지역의 여러 성을 떠돌며 백성들의 정황을 살피는 한편 명사들과 교류하는 기회를 가졌다.

1895년 31세의 담사동은 고향인 유양에서 산학회算學會 설립을 발기하여 개혁 유신을 지지하는 인물들을 모아 변법을 통한 구국 방법

을 찾고자 했다. 그리고 8
월 북경에 강학회講學會가 설
립되자 바로 북경으로 가서
당대 최고의 학자이자 개혁
사상을 주창한 강유위康有爲
의 '사숙 제자'로 들어갔다.

이듬해인 1896년 남경에
서 지부 후보가 되었고, 이

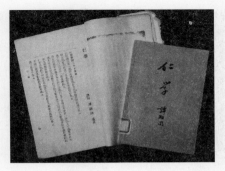

『인학』 담사동이 쓴 글로 그의 사상을 잘 보여 준다.

때 『인학仁學』을 쓰기 시작했다. 그는 『인학』을 통해 봉건 시대의 유산
을 타파해야 한다고 주장하면서 중국의 전통적인 유교적 절서인 삼
강오륜이 4억 민중의 몸과 마음을 묶어 버렸다고 했다. 이러한 사상
을 바탕으로 담사동은 반청反淸, 반군주反君主, 반공자反孔子라는 혁명적인
주장을 펼치기 시작했다.

1897년 호남순무 진보잠 등의 초청으로 장사로 돌아가 새 정치를
시작했다. 전후 시무학당·『상학신보』(순간)·『상보』(일간)·남학회·무
비학당 및 보위국을 설립하는 한편 내하 증기선 운행을 준비하고 호
남성과 광동성을 오가는 상월 철로 신축, 광산 채굴 등의 근대화 사
업을 주도했다.

1898년 시독학사 서치정의 추천으로 군기장경에 임명되어 젊은
광서제光緖帝가 이끄는 새 정치, 즉 유신維新에 참여했다. 그러나 그해에
무술정변戊戌政變(백일유신)이 실패로 돌아가고 원세개袁世凱(위안스카이)의
배신으로 처형되었다. 담사동이 처형되기까지의 과정을 살펴보자.

1898년 음력 7월, 자희태후(서태후)를 우두머리로 하는 수구파들이 유신파를 탄압하려 한다는 음모가 드러났다. 7월 29일, 새 정치를 지지하고 있던 광서제는 양예^{楊銳}를 불러 옷가지와 조서를 내려 자신의 자리가 위험하니 강유위와 군기사경 등에게 신속히 대책을 세우라고 명령했다. 이들은 유신파를 거짓으로 동정하고 있는 신군부의 원세개를 찾아갔다. 당시 그들은 원세개의 속셈과 정체를 전혀 모르고 있었다.

8월 1일과 2일 광서제는 연이어 원세개를 불러들였다. 8월 3일, 담사동이 원세개를 만나 열병식 때 광서제를 위험에서 빼내고 자희태후의 심복인 직예총독 겸 북양대신 영록^{榮祿}을 죽이라고 했다. 원세개는 흔쾌히 그러겠노라 대답했다. 그러나 원세개는 이틀 뒤인 8월 5일 영록을 찾아가 이 사실을 밀고했다.

8월 5일, 영록의 보고를 받은 서태후는 바로 쿠데타를 일으켜 광서제를 감금하고 유신파를 체포했다. 양계초^{梁啓超}(량치차오)와 일본 친구들이 도주하라고 권했지만 담사동은 거절하고 집에서 서태후의 부하들을 기다리다 8월 10일 체포되었다.

8월 13일 북경 채시구^{菜市口}에서는 담사동을 비롯한 '무술 6군자(무술정변 때 희생된 여섯 지사)'의 처형식이 거행되었다. 처형에 앞서 담당관은 담사동에게 황제가 있는 북쪽을 향해 절을 하라고 명령했다. 담사동은 단호히 거부하면서 다음과 같은 장엄한 절명시를 남겼다.

　도적을 죽이려다 힘이 없어

하늘로 돌아가는구나.
죽어서라도 뜻을 이룬다면
통쾌하리, 통쾌하리!

당시 담사동의 나이 34세였
다. 망나니의 칼이 그의 목을
향해 날아들었다.

담사동은 체포되기 전에 사
람들에게 이렇게 말했다.

"세계 각국의 변법치고 피
를 흘리지 않고 이루어진 경
우는 없었다. 지금까지 중국에

담사동의 초상화   중국 근대 혁명과 개혁의 선구
자로 장렬하게 희생되었다.

서 변법 때문에 피를 흘린 자가 있다는 소리를 들어 본 적이 없다. 중
국이 창성하지 못하는 까닭이 바로 여기에 있다. 피를 흘리는 일이라
면 이 담사동이 앞장서겠다."

그는 자신의 희생이 혁명이라는 거대한 물결을 일으키는 첫 파도
가 되길 소원했고, 그 소원은 1911년 신해혁명을 통해 이루어졌다.
그래서 역사는 그를 두고 근대 혁명의 단초를 연 인물로 평가한다.

당초 광서제는 원세개에게 "황제 자리를 더 이상 보전하기 힘들게
되었으니 강유위 등은 속히, 은밀하게 자구책을 강구하라. …… 일이
제대로 이루어질지 초조한 마음을 차마 견딜 수 없노라"며 절대적인
신임을 보였다. 강유위는 광서제의 말을 전해 듣고 통곡했다.

광서제는 원세개에게 담사동 등과 함께 군대를 일으켜 황제를 보호하고 대권을 수복하여 조정을 깨끗이 숙청하도록 하였다. 원세개는 있는 힘을 다해 황제를 구하겠노라 철석같이 맹세했다. 교활하고 간악한 원세개는 약속을 이행하기는커녕 그날 밤으로 영록에게 쪼르르 달려가 강유위·양계초 등이 군대를 일으켜 이화원頤和園을 포위하고 서태후를 죽이려 한다고 밀고해 버렸다. 이로써 유신 변법 운동은 피비린내 나는 탄압을 받았다.

담사동이 혁명에는 피가 따라야 한다고 말한 것은 혁명에 저항하는 세력이 얼마나 강력하고 악독한지를 잘 알고 있었기 때문이다. 또한 실제로 역사상 모든 혁명과 개혁에는 희생이 따랐다. 담사동은 그러한 희생이 있었기에 역사는 진보한다고 확고하게 믿었기 때문에 기꺼이 죽음을 받아들였다.

내 스스로 칼 비껴 차고 하늘 향해 웃는다. 나는 떠나지만 두 곤륜산처럼 간과 쓸개를 남기노라.

- 담사동이 처형 전 옥중 담벼락에 쓴 시의 일부

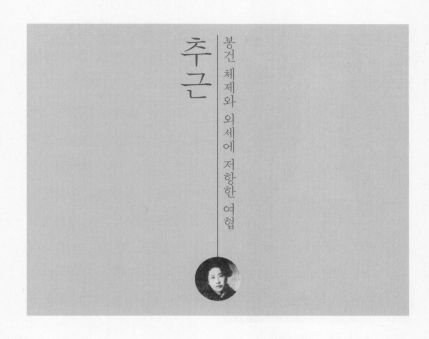

추근

봉건 체제와 외세에 저항한 여협

중국 역사상 짧지만 누구보다 극적인 삶을 살았던 여협^{女俠} 추근은 자를 선경^{璿卿}, 호를 경웅^{競雄}이라 했다. 주은래^{周恩來}(저우언라이)와 노신^{魯迅}(루쉰)의 고향인 절강성 소흥^{紹興} 사람으로 흔히 이 세 사람을 일컬어 '소흥삼걸'이라 한다. 수컷과 겨룬다는 뜻을 가진 '경웅'이란 그녀의 호에서 느껴지듯 추근은 33년의 파란만장한 생을 살았다. 태어난 곳은 복건성 하문^{廈門}이었으며 아버지는 하문에서 관리로 일했다.

추근은 어려서 오빠들과 함께 공부를 하면서 새로운 문물과 사상을 배울 수 있었다. 1890년 16세 때 그녀는 아버지와 호남성 상담^{湘潭}으로 가서 아버지의 명에 따라 상담의 부잣집 아들 왕정균^{王廷鈞}과 결

항주 서호에 있는 추근의 무덤과 석상

혼했다. 두 사람은 아들 하나, 딸 하나를 두었지만 부부의 정은 없었다.

1902년 28세의 추근은 남편을 따라 북경으로 왔다. 그곳에서 추근은 제국주의 열강들이 북경을 약탈하고 중국인들을 살해하는 모습을 목격하고는 "세상에 태어난 이상 나라를 구하는 일에 몸을 바쳐야겠다"고 결심하고는 "혁명은 가정에서 시작해야 하고, 그러기 위해서는 남녀평등권을 쟁취해야 한다"고 생각했다. 이에 추근은 바다를 건너 일본으로 유학하려고 했으나 남편의 완강한 반대에 부딪쳤다.

1904년 30세의 추근은 남편의 방해에도 불구하고 자신이 가진 것을 모두 처분하고 두 아이를 친정집에 맡긴 다음 봉건의 굴레를 깨고 일본으로 건너갔다. 일본에서 추근은 비밀리에 청나라에 반대하는 '홍문천지회洪門天地會'에 가입하여 절강성 혁명운동의 지도자 도성장陶成章을 통해 채원배蔡元培 · 서석린徐錫麟과 같은 당시 진보 진영을 이끌던 혁명 인사들을 소개받았다.

귀국 후 추근은 '광복회光復會'에 가입했고, 1905년 31세의 나이로 다시 일본으로 건너가 황흥黃興을 통해 손중산孫中山을 알게 되고, 창립된 지 보름이 채 안 된 '동맹회同盟會'에 가입하여 동맹회 1기 중 유일한 여성 회원이 되었다. 이 무렵 그녀는 스스로를 고향 소흥의 별칭인 감호를 따서 '감호여협鑒湖女俠'이라고 했다.

1906년 추근은 일본에서 귀국하여 상해에서 중국공학中國公學을 창립하고 귀국한 유학생들을 많이 받아들였다. 그 뒤 추근은 도성장의 소개를 받아 절강성 호주湖州 심계潯溪 여학교의 교사가 되었다. 그리고 같은 해 겨울 상해에서 『중국여보中國女報』를 창간하여 여성의 경제적 독립을 선전했다.

1907년 추근은 소흥에서 대통학당大通學堂을 운영하면서 아버지와의 관계를 이용하여 그곳에 체육과를 세운다는 명목으로 상해로부터 총 250자루와 총알 20만 발을 들여왔다. 당시 대통학당은 거의 광복회 회원들로 이루어져 있었다. 같은 해 4월, 추근은 무장기의를 준비하는 한편 안경安慶에 있는 서석린과 호응하여 무장기의 날짜를 7월 6일로 확정했다가 다시 7월 19일로 바꾸었다.

그러나 7월 6일 무장기의가 실패하고 서석린마저 희생되자 추근은 엄청난 슬픔과 좌절을 경험했다. 게다가 서석린의 동생 서위徐偉가 체포되어 진술하던 중 추근이 이름이 나왔다. 청나라 군대는 그녀를 수배하고 추적했다. 그러나 그녀는 학당의 혁명당원을 소집하여 기의 날짜를 바꾸지 않고 그대로 강행하기로 결정했다. 7월 13일 혁명당원 왕금발王金發이 추근을 찾아와 상황이 위험하니 빨리 소흥을 빠져나가라고 권했다. 그러나 추근은 결코 소흥을 떠나지 않겠다는 자신의

절강성 소흥에 있는 추근의 옛집

각오를 확실히 했다. 그날 오후, 청나라 군대가 대통학당을 포위했고 추근은 체포당했다. 7월 15일 새벽, 추근은 소흥 헌정구軒亭口에서 참수형을 당했다. 그녀의 나이 33세였다.

추근이 죽은 뒤 시신은 길에 버려졌다. 관원이 무서워 감히 시신을 수습하러 나서는 사람이 없었는데 친구 여벽성呂碧城, 오지영吳芝瑛이 시신을 몰래 빼내 가매장했다. 1908년 오지영이 묘를 항주 서호西湖 서랭교西冷橋 근처로 이장했으나 관청의 압력으로 추근의 아들 왕원덕王源德이 1909년 호남성 상담 소산韶山으로 이장했다. 1912년 호남성 사람들이 장사에 추근을 위한 열사 사당을 세우고 절강성과 상의하여 유골을 절강성으로 돌려보내 서호에 있던 원래 무덤에 다시 안장했다.

추근에 대한 후대의 평가는 엄청났다. 서석린, 도성장과 함께 신해혁명을 위한 주춧돌을 놓은 삼걸의 한 사람으로 꼽았으며, 중국 인민을 각성시킨 초기 혁명 열사라는 찬사가 따랐다. 손중산은 "가장 훌륭한 추여협"으로 불렀으며, 주은래는 "봉건의 속박을 벗어던진 신여성"으로 평가했다. 그녀는 문학을 비롯한 수많은 예술 작품의 주인공이 되어 여전히 중국 인민들에게 끝없는 정신적 자양분을 제공하고 있다.

칼을 들고 있는 여성 혁명가 추근의 모습

　　1907년 7월 13일 추근이 청나라 군대에 체포되어 심문을 받을 때였다. 그녀는 묵비권을 행사했지만 계속해서 진술을 압박당하자 큼지막하게 일곱 글자를 썼다.

　　　추풍추우수살인秋風秋雨愁煞人

　　가을바람 가을비, 그 스산함이 사람을 죽이는구나!

　　추근은 최후 진술이자 유언이 된 이 글을 남기고 담담하게 죽음을 맞이했다. 그녀는 이보다 앞서 '자매들에게 드립니다'라는 글에서 "아! 2억 남자들은 문명의 신세계로 진입했거늘 우리 2억 여성 동포들은 여전히 18층 지옥 암흑에 빠져서 단 한 층도 오르지 못하고 있구나! …… 묻노니 자매들이여, 사람으로 세상에 태어나 자유자재의 행복을 누리고 있는가?"라고 탄식했다.

　이처럼 추근은 봉건 체제의 질곡에서 빠져 있는 여성들의 해방을 강력하게 원했고, 이를 위해 봉건 왕조를 무너뜨리는 폭력 혁명에 앞장섰다가 장렬하게 생을 마감했다.

주문옹·진철군

저 세상으로 신혼여행을 떠나다

두 사람이 사형 선고를 받고 형장으로 끌려가면서 목청 높여 혁명 구호를 외치고 '국제가國際歌, L'Internationale (국제 공산주의 노래)'를 불렀다. 많은 군중들이 얼굴을 감싸고 눈물을 흘렸다. 두 사람은 군중들을 향해 최후 연설을 한 다음 조용히 형장의 이슬로 사라졌다.

　이 두 사람은 혁명을 위해 가짜 부부 행세를 하던 사이였다. 남자는 주문옹, 여자는 진철군이었다. 모두 초기 공산당 혁명을 주도하다 사이비 좌파 세력에 의해 체포되어 사형 선고를 받았다. 주문옹은 총살당하기 전에 감옥의 벽에다 이렇게 썼다.

형장으로 끌려가는 주문옹과 진철군의 모습을 그린
기록화

주문옹의 최후를 그린 그림　오른쪽은 그가 감옥 벽에 남
긴 마지막 절명시 구절이다.

夫可斷，肢可折，革命精神不可滅
壯士夫頭爲黨落，好漢身軀爲群裂

머리를 자를 수는 있어도, 사지는 끊을 수 있어도 혁명 정신은 없앨
수 없다. 장사의 머리는 당을 위해 떨어지고, 영웅의 몸뚱아리는 군
중을 위해 찢긴다.

주문옹은 광동성 개평開平 출신으로 1925년 21세에 중국 공산당에

가입하여 노동자 파업과 광주廣州 봉기를 주도했다. 진철군은 유명한 무술인 황비홍黃飛鴻과 같은 광동성 불산佛山 출신이었다. 주문옹보다 나이는 한 살 위였지만 공산당 가입은 한 해 늦은 1926년 그녀의 나이 23세 때였다. 어려서부터 개화된 사고방식으로 학창 시절을 보냈고, 스무 살 이후 혁명 운동에 뜻을 두었다.

공산당에 가입한 두 사람은 광주를 중심으로 한 공산당 활동에 주도적인 역할을 담당하면서 초기 공산당 혁명을 이끌었다. 그러다 주문옹이 광동·광서 양광위원회 부녀위원인 진철군과 함께 광주에 당을 건립하는 비밀 연락책을 맡으면서 대외적으로 부부 행세를 하기 시작했다. 진철군과 부부 행세를 하면서부터 주문옹의 주요 공작 활동은 광주 노동자들의 폭동을 이끄는 것이었다. 또 당시 광주에서 사이비 좌파로 행세하던 왕정위汪精衛 등의 정체를 폭로하기 위해 노력했다.

주문옹과 진철군은 수천 명의 노동자들을 이끌고 왕정위의 관저 앞에서 체포된 노동자들의 석방을 외쳤다. 왕정위는 경찰 병력을 대거 동원하여 노동자들을 진압하는 한편 주문옹을 체포했다. 이 과정에서 주문옹은 부상을 당했다. 진철군은 사람들을 사주하여 감옥에서 고의로 소란을 부리게 하고, 주문옹에게는 매운 고추를 보내 일부러 먹게 해 열이 난 그가 병원으로 후송되던 중에 극적으로 구출해 냈다.

감옥에서 빠져나온 주문옹은 여전히 진철군과 부부 행세를 하면서 활동을 계속했다. 그러나 불행하게도 배신자의 밀고로 1928년 1월

결혼식 기념사진 철창을 배경으로 찍은 주문옹, 진철군의 결혼식 사진이다.

27일 함께 체포되고 말았다. 적들은 이들에게 끔찍한 고문을 했으나 두 사람은 결코 적에게 머리를 숙이지 않았다. 2월 6일 두 사람에게 사형이 선고되었다. 두 사람은 마치 고향으로 돌아가듯 사형 선고를 담담하게 받아들였다. 당시 법관이 주문옹에게 공산당원이 얼마나 되냐며 압박하자 주문옹은 모두가 공산당원이기 때문에 결코 다 죽일 수 없을 것이라며 맞섰다.

법관이 주문옹에게 마지막으로 요구 사항이 있냐고 물었다. 주문옹은 아내 진철군과 결혼 기념사진을 한 장 찍고 싶다고 했다. 사진 촬영이 허락되어 사진사가 감옥으로 왔다. 두 사람은 어깨를 나란히 한 채 철창 앞에서 사진을 찍어 영원히 기념으로 남겼다. 두 사람은 그때 진짜 결혼식을 올렸다. 혁명 사업을 하면서 서로에게 애정을 품었지만 밖으로 드러내지 못했던 두 사람이 죽음을 앞두고 더없이 성스러운 영혼의 결합을 선언한 것이다.

2월 6일(음력 1월 15일) 정월 대보름날 하오, 하늘에서는 가는 비가 내렸다. 찬바람이 뼛속을 파고들었다. 두 사람은 홍화강紅花崗 형장으

222

로 압송되었다. 두 사람은 '타도 제국주의!'를 외치며 '국제가'를 불렀고 군중들이 몰려들어 호송차의 뒤를 따랐다. 이처럼 비장한 이별 행렬도 없을 것이다. 두 사람은 고개를 들고 가슴을 편 채 형장으로 향했다. 그러면서도 쉬지 않고 외쳤다.

이어 총소리가 울리고 주문옹이 총탄에 쓰러졌다. 그러나 그는 완강하게

진철군의 학창 시절 모습

몸을 지탱하며 마지막 남은 기운을 다해 "동지들! 혁, 명, 은… 결… 코!"라고 외치고 숨을 거두었다.

형장으로 가기 전 주문옹은 이렇게 말했다.

"국민당 놈들의 총성을 우리 결혼식을 축하하기 위한 예포로 삼으마!"

역사상 가장 가슴 떨리는 결혼식 선언문이 아닐까? 당시 두 사람의 나이는 겨우 24세, 25세였다.

그들이 신혼여행을 떠난 지 80년이 지난 2009년 9월 14일은 두 사람은 신중국 성립을 위해 남다른 공을 세운 100명의 영웅으로 추대되었다. 그리고 두 사람은 중국공산당 역사상 가짜 부부 행세를 하다가 진짜 부부가 된 일곱 쌍의 부부 중 한 쌍이기도 하다.

어떤 죽음을 맞이할 것인가

내가 평생의 업이자 업보라고 여기는 사마천의 『사기』에는 죽음에 관한 이야기들이 많다. 인간을 다룬 책이니 당연하겠지만 그래도 한 인간이 죽음에 이르는 과정을 대단히 치열하고 처절하게 다루고 있어 여느 역사서와는 확연히 차이가 난다. 그런데 더 놀라운 사실은 『사기』 전편에 자결에 관한 내용이 약 200곳에 이른다는 것이다. 그래서 나는 『사기』 속 죽음에 대해 관심을 가지기 시작했다.

내 일은 한마디로 말하자면 죽은 사람들만 찾아다니는 것이다. 중국 전역을 다니며 하는 일이라고는 대부분 죽은 사람들의 무덤이나 사당을 찾아다니는 것이었다. 다르게 말하자면 죽음을 확인하는 과정인데, 이는 한 사람의 삶을 궤적을 철저히 추적해야 하는 이중적인 성격의 일이기도 하다. 어쨌거나 이 과정에서 나는 늘 죽음과 만나게 되고, 사마천의 말대로 인간은 누구나 한 번은 죽기 마련인데 어째서 이 사람은 이런 죽음으로 남아 있는 반면 저 사람은 저런 죽음으로밖에 남지 못했을까 하는 생각이 들었다.

그때마다 나는 '죽음에 저항하지 말고 삶에 저항하라'는 말을 떠올렸다. 그리고 지금 이 책을 내면서 생사生死에 대해 이런저런 생각을 좀 더 깊이 해 보았다. 죽음은 육신의 정지이자 생명의 멈춤이지만, 그 사람이 살았던 삶은 그의 죽음과 그 자신, 즉 그 사람의 정신과 가치를 부활시키고 그 죽음에 의미를 부여한다. 그래서 역사는 끊임없이 죽은 그에게 공소시효 없는 역사의 법정에 출두하라고 소환장을 보낸다.

이 책은 자기계발서도 힐링서도 아닌 그저 삶과 죽음에 관한 짤막한 이야기들을 모은 것이다. 그중에서도 사마천의 『사기』를 중심으로 중국 역사 속 중요한 인물들만 다루었다.

훈계도 꾸짖음도 꼰대질도 아닌 남은 삶에 대한 회한이 문득 사무쳐 그 옛날 사람들은 어떻게 살았는지, 어떻게 죽었는지 궁금해서 오랫동안 모아 온 자료들을 뒤지고 조사하고 다듬어 이야기처럼 들려주고 싶었다.

여러분 자신이 어떻게 살아왔는지, 삶과 죽음에 대해 어떻게 대처해 왔고, 죽음을 어떻게 맞이하고 싶은지, 그렇기 위해 앞으로 어떻게 살고 싶은지를 생각해 보기를 바란다.

각각의 글 말미에 내 생각을 조금 더하긴 했지만 인물들의 삶과 죽음을 담담하게 전하려 했다. 다만 각 인물들의 생사의 과정을 좀 극적으로 묘사하는 데 신경을 썼을 뿐이다. 이 글을 쓰며 새삼 나는 어떤 죽음을 맞이할 수 있을지 생각해 본다.

2015년 3월

완연한 봄의 기운을 느끼며

김영수

태산보다 무거운 죽음 새털보다 가벼운 죽음

1판 1쇄 인쇄 2015년 3월 25일
1판 1쇄 발행 2015년 4월 05일

지은이   김영수

펴낸이   한기호
책임편집   오선이
펴낸곳   어른의시간
출판등록   제2014-000331호(2014년 12월 11일)
주소   121-839 서울시 마포구 동교로 12안길 14(서교동) 삼성빌딩 A동 2층
전화   02-336-5675
팩스   02-337-5347
이메일   kpm@kpm21.co.kr
홈페이지   www.kpm21.co.kr
인쇄   예림인쇄 전화 031-901-6495 팩스 031-901-6479
총판   송인서적 전화 031-950-0900 팩스 031-950-0955

ISBN 979-11-954453-1-8 03190

이 도서의 국립중앙도서관 출판예정도서목록(CIP)은 서지정보유통지원시스템 홈페이지(http://seoji.nl.go.kr)와
국가자료공동목록시스템(http://www.nl.go.kr/kolisnet)에서 이용하실 수 있습니다.(CIP제어번호: CIP2015008744)

어른의시간은 한국출판마케팅연구소의 임프린트입니다.
책값은 뒤표지에 있습니다.